JN088176

税理士
中野裕哲

新分野展開、
事業・業種・業態転換で
成長を目指す

事業の再構築
を考えたときに読む本

Business restructuring

日本実業出版社

はじめに

中小企業の経営環境は厳しい冬の時代が続いています。100年に一度といわれる疫病禍＝新型コロナウイルス感染症の発生、それに伴う緊急事態宣言やまん延防止措置と外出自粛、入国制限、オリンピックの延期・無観客開催など、国難ともいえる状況になってしまいました。

観光立国を目指して成功しかけていたインバウンド政策もガラガラと音を立てながら崩れ、あんなによかった景気も一気に冬の時代へと逆戻りしてしまったのです。

コロナをきっかけに、非対面化、非接触型、巣ごもり型のビジネスモデルが台頭し、従来からあった、対面型や店舗型のビジネスも急速な変化についていくのがやっとという状況です。

もともと長年にわたる経営環境の構造的な変化により、時代に合わせていくことが求められてきた中小企業の経営も、否応なしに変わっていかざるを得ません。

社歴が長く安定した経営を続けてきた企業でも、過去の成功体験が逆に足を引っぱる時代になってきたと言っても過言ではないでしょう。

そんななか、経営の舵を握る全国の中小企業の経営者の皆さんから、悲鳴にも近い相談が私のところに殺到しています。不安、心配、先行きの不透明さ、世の中が急激に変化するなかでの経営の舵取りの難しさは経営をしたことのある人間でないと理解できないものがあります。

ただ、生きる時代は選べません。文句を言っているだけでは何も変わらないのです。

この時代に経営をしている以上、「配られたカード」のなかでクレバーに先を読んで、順応していくしか生き残る道はないのです。

進化論のチャールズ・ダーウィンの言葉と伝わる一節があります。

最も強い者が生き残るのではなく、
最も賢い者が生き延びるのでもない。
唯一、生き残るのは変化できる者である。

さぁ、変わりましょう。変化して生き残りましょう。

どうやって変わればいいのか？

その答えはこの本のなかにあります。
リスクを減らして事業再構築で成功する方法を、ぜひ吸収して自分のものにしてください。

一緒に考えていきましょう。一緒に頭で汗をかきましょう。

あなた自身とあなたの家族、あなたのビジネス、会社、役員、従業員や協力会社、その家族。そして、あなたの会社に期待してくださっている株主や多くのお客様のために。

変わるのは、いま、このときです。

経営コンサルタント（事業再構築、起業、資金調達）
税理士、特定社会保険労務士、行政書士、
ファイナンシャルプランナー（ＣＦＰ®、一級FP技能士）
中野　裕哲

・本書の内容は2021年12月１日現在の情報に基づいています。
・本書で紹介している事例は、許可を得たうえで、複数のケースを類型化したものであり、特定企業の実情を示すものではありません。

「事業の再構築」を考えたときに読む本／目次

序章　なぜ事業再構築が必要なのか

第1章 現状の把握・分析をしてみよう

第2章 どのように変えることができるか考えてみよう

第3章　新しいビジネスを具体的に仮説・検証してみよう

第4章 集客・マーケティング戦略を考えてみよう

第5章 フル活用したい補助金・助成金の基礎知識

第6章 事業計画書を書いて新ビジネスを具体的に検討しよう

第7章 資金計画を立ててみよう

第8章 実行計画・個別ケース

付録 必ず押さえておきたい代表的な補助金の基本

カバー・目次・章扉デザイン　山之口正和＋沢田幸平（OKIKATA）
DTP　一企画

序　章

なぜ事業再構築が必要なのか

日本経済全体の構造変化に対応できているか？

戦後の高度成長期からバブルの熱狂、そしてバブル崩壊とその後の失われた20年を経て、ようやく日本経済は緩やかな好景気へと進んでいました。いま思えば、この間、実感はほとんどなかったにせよ、緩やかな好景気の恩恵を少しずつでも国民全体が享受し、安定した幸せな生活を送ることができていたのだと思います。

ところが2020年、中国を発端とした新型コロナウイルス感染症の大流行の影響を原因とする緊急事態宣言、外出自粛、休業要請、入国制限などにより、壊滅的な影響を受ける企業も多数現れてしまいました。国としては、新型コロナウイルス感染症の流行を抑えるためには、経済が多少の犠牲を払ってでもかまわないという選択をしたわけです。

突然の交通事故に遭ったような状況ですが、一方では、このことがたまたま「きっかけ」となっただけで、**もともと構造的な問題点が日本の企業全体にあったのではないか**とも思えます。

例えば、長期的にみるとここに至るまでの日本経済全体の構造変化があります。

- 時代の変化（高度成長・バブル期→低成長期へ）
- 人口構造の変化（少子高齢化）
- 生活スタイルの変化
- インターネットの出現による変化
- 購買行動の変化
- 外国資本（GAFAM※など）の台頭
- 産業の主役の交代
- 重厚長大→スモールビジネスへの流れ
- 地域経済の落ち込み

・ＡＩ化→今後なくなるかもしれない職業も出てくる

このような日本経済全体の構造変化のなかで、中小企業がついていくことができているかという問題があります。

※GAFAMとはGoogle、Amazon、Facebook、Apple、Microsoftの頭文字を取ったＩＴ企業の雄である５社の呼び名のこと。

2 中小企業自体の変化に対応できているか？

１つひとつの中小企業についてみていったときにも、環境は大きく変わってきていると思います。

・店舗や製造設備などの老朽化
・人手不足
・事業承継や今後の事業の担い手
・プロダクトライフサイクル（ピークを過ぎたビジネスになった）
・財務状態の悪化　など

このように中小企業各社にとっては本来、手を打つべき課題が山積しているにもかかわらず、日々、事業を回すため忙しさにかき消されて、**何も手を打ってこなかった、あるいは手を打ってきたが有効な対策がとれていなかった**というところではないでしょうか。

生産性革命の波に乗ることができているか？

OECD（経済協力開発機構）データに基づく2019年の日本の時間当たり労働生産性（就業１時間当たり付加価値）は、47.9ドルで、米国の77.0ドルの約６割の水準でしかありません。順位はOECD加盟37か国中21位です。

さらに、日本の１人当たり労働生産性（就業者１人当たり付加価値）は81,183ドルで、韓国（24位・82,252ドル）やニュージーランド（25

位・82,033ドル）とほぼ同水準であり、OECD加盟37か国中26位となっています。先進国のなかではダントツの最下位というのが現状です（公益財団法人 日本生産性本部 2020年版「労働生産性の国際比較」より）。

そして、企業全体のうち中小企業が圧倒的な割合を占めるのは日本の産業構造の特徴です。個人事業主を含む中小企業は企業数で全体の99.7%、従業員数で68.8%を占めています（総務省統計局「2016年経済センサス活動調査」より）。

政府としては、この中小企業の生産性が低いことが日本経済全体の生産性が低いことの原因となっていると考え、「**生産性革命**」と銘打ち、中小企業の生産性向上に関する以下のような施策を始めています。

- 自動化できるものはないか（ＲＰＡなど※）
- ＩＴ化
- 製造方法や製造機器の見直し
- 営業方法の見直し
- 部分ごとの外注化

こうした施策に対応しつつ、今後に向けて中小企業各社が変わって行かなければならないのです。

※ＲＰＡとはロボティックプロセスオートメーション（Robotic Process Automation）。これまで人間だけが対応してきた作業やそれよりも高度な作業を、人間に代わって実施できるＡＩなどのソフトウェアが行う取組みのこと。

4 新型コロナウイルス感染症の影響に手を打っているか？

こうした長期的なことよりも、もっと切迫している事業もあるでしょう。今回の新型コロナウイルス感染症を原因とする緊急事態宣言や入国制限で立ちゆかなくなった以下のような業界です。

- 飲食業

- 食材関係
- 旅行業
- 観光業
- 宿泊業
- タクシーなど交通関係
- イベント・講演関係
- エステ、スポーツジム等
- 結婚式関係
- 映画館・劇場
- インバウンド関係

こうした業種の中小企業では、**素早く何らかの手を打つことが至上命題となっている**と言っても過言ではありません。

5 ポストコロナの対策に着手しているか？

こうした業種に限らず、全業種で対応が求められているのが以下のような「ポストコロナ」の対策です。

- 感染対策
- 対面→非対面へ
- 拠点（店舗、オフィス）は必要か？
- その立地である必要があるのか？
- 地方と都心の差の変化（価値の見直しや逆転現象）

そもそも、１つの経営判断としてあるのが「コロナが収まったら元の生活に戻るのか？」になります。

もともと半年といわれた新型コロナウイルス感染症の流行ですが、１年を超え、もはや定着したと言っても過言ではありません。それどころか、**コロナ禍での生活スタイルさえ人々に定着し、もう元の生活には戻らない**ともいわれています。

■ 既存の常識から変化・定着しつつあるスタイル

【仕事の仕方】	【感染対策の必要性】
• 店舗、オフィスのあり方	• 三密回避
• テイクアウト化	• 行列回避
• ＥＣ（ネット販売）化	• 個室化
• サブスク化	• 換気
• 営業方法（訪問・対面は今後少なくなる）	
• 通販、配達へ	
• 非対面化	
• テレワーク化	
• 巣ごもり消費への対策	

「テレワークで十分じゃないか？」
「オフィスは要らないんじゃないか？」
「出張って不要なんじゃないか？」
「対面しなくてもZoomの打ち合わせでいいじゃないか？」
「家で家族と過ごすっていいよね」
「青空のもと、外で過ごすのって素敵だよね」 etc.

つまり、人々が新型コロナウイルス感染症をきっかけとして必要性に気づいてしまったこと、逆に不必要なことに気づいてしまったことです。

こうしたことは、中小企業各社にとって対策必須であるとともに、チャンスが転がっている状況ともいえます。

「リベンジ消費」でピンチをチャンスに変えられるか？

コロナ後の数年の動きとして、コロナ禍の期間中に人々が我慢していたことを爆発的に消費するという予測があります。例えば、旅行（海外、国内）、留学、結婚、出産、転居、飲食、宴会、イベント、スポーツ観戦、展示会、起業、出店、支社開設などです。

これらの現象は、日本よりも先にコロナ禍のピークを過ぎた世界の地域、例えば、中国、アメリカ、ＥＵ諸国などですでに顕著に表われています。

こうした現象が日本でも同様にみられるのではないかという予測が「リベンジ消費」です。各業界でこうした**リベンジ消費を予測し、早めに仕込みをする**動きがあり、コロナ後の消費の中心になっていくと期待されています。

一方で、コロナ禍で縮こまっていたことにより、平時よりも有利にことを進められる可能性もあります。例えば、コロナ禍の影響により、影響を受けた店舗が閉店し、通常では借りられないような都心の一等地の物件が空いていたり、テレワークの影響で、有名ビルのテナントが撤退してオフィス物件が空いていたりといった具合です。

これらを経営にとってのチャンスと捉えて、動くべきだという経営判断もあるかと思います。

補助金などの支援策という千載一遇の追い風に乗れるか？

コロナ禍は、中小企業にとっては資金繰りへの影響も大きなところでした。日本企業の大多数を占める中小企業の経営が、新型コロナウイルス感染症の影響で悪化してしまわないように、日本政府としてもここまでいろいろな政策を矢継ぎ早に打ち出してきました。金融機関による無利子・無担保融資などの資金繰り支援、持続化給付金や家賃支援給付金、一時支援金、雇用調整助成金の特例などの給付金支援などです。これらは急場をしのぐため、素早い救済策として打ち出してきた政策であり、一時的な政策でしかありません。

ただ、これらの政策については、もう今後は行われない、もしくは縮小していくであろうことは、経済産業省の官僚クラスの発言として、各所で出てきています。本来は、自己責任であり利益追求の手段である企業経済活動に対して、血税によって一律で企業を救済するということは国民全体からみれば、おかしなことだからです。

菅義偉前首相のブレーンの１人として知られるデービッド・アトキンソン氏（元金融アナリスト）の唱える経済政策は、日本の競争力を高めるために、「生産性の低い中小企業はどんどん統合して半分にしてしまえ」という考え方だといわれることがあります。

ただ、ここのところ、国が打ち出してきた政策をみたとき、私の見方は違います。

「自分で努力して変わるものには多大な支援をする。一方では、一律的、救済的な支援は、どこかの時点で完全にやめる」

ひとことでいえば、こういうことでしょう。国としても財政に余裕があるわけではなく、今後は一律の救済は行わない、本気で変わろうとしている中小企業に絞った生き残りのための支援だけをしていく、そのような大きな方針転換です。

こうした傾向は、国が打ち出してきた政策にも表われています。なかでも大きいのはまったく新しい補助金として予算１兆円以上をかけて始まった「事業再構築補助金」です。一定程度の売上げが落ちた中小企業が、思い切った事業再構築の施策を行うときにかかる設備投資関連の費用を国が補助してくれるというものです。1社当たり最大8,000万円（企業規模等によっては1億円）、補助率3分の2（または4分の3）という破格の条件ですから、もし、活用できるのであれば、リスクを大きく減らしたうえで、会社の将来性を大きく伸ばすことができるでしょう。

この補助金に限らず、国や都道府県などが多種多様な補助金や助成金で、がんばる中小企業を応援しようというムードになっており、これをフル活用しない手はないと考えます。

8 リスクを避けるために多角化の必要性を感じたか？

いずれにしても、今回の新型コロナウイルス感染症を経て、経営者が痛感したのは「**1つのかごに卵を盛るな**」という格言の重要性でしょう。国難ともいえる状況になれば、国だって中小企業すべてを助けきれないし、やはり自己責任として自分の身は自分で守る必要があるのです。

経営をしていれば、ある程度、未来が予測できることもあれば、突如としてもらい事故のような災難に遭遇してしまうこともあるでしょう。

例えば、過去を振り返ってみても、

- 景気循環の波の影響
- 突発的な社会情勢の変化（例：狂牛病、新型コロナウイルス感染症、オリンピック延期等）
- 時代の変化（例：印鑑廃止の動きでシヤチハタ→クラウドサイン、富士フイルム　フィルム→デジカメ）

など、さまざまな事柄が想起されます

経営を続ける限り、こうした長期的な変化、突発的な変化が起きても、対応できる状況にする必要があります。そのためには、お金の入りを１本から２本、２本から３本と増やす、いわゆる多角化を進めていくことが求められるでしょう。

補助金・助成金の活用でライバル他社に差をつけているか？

ただ、小規模企業、中小企業では、資金力に限界があります。多角化への投資といっても回すだけのお金がないのが通常です。だとすると、やはり**融資と補助金をいかに活用するか**です。

融資は今回のコロナ禍ですでにフル活用している企業が大半ですから、補助金の活用が今後の視野です。ピボット（方向転換）に必要な設備投資、システム開発、人件費、広告費、販売手法（テイクアウトやＥＣ）、オンライン化、テレワークその他、補助金が活用できる場面は多々あります。

例えば、ある新しい商品・サービスを売るために、ウェブサイトをつくるとして、広告費も含め、150万円を投じるとします。

Ａ社は持ち金から150万円を投じて勝負をかけました。

Ｂ社も持ち金から150万円を投じて勝負をかけました。

ただ、Ｂ社ではあらかじめ補助金に合格し３分の２である100万円の補助を受けました。つまり実質50万円で済みました。

この両者が同じ業界だとしたら、明らかに有利なのはＢ社です。その浮いた100万円で、また何らかの投資に回し、会社を大きく強くすることができるからです。コロナ後は、この補助金の活用がカギになるとみています。上手な会社は、対象経費をズラしながら、２つも３つも取りにいくでしょう。

コラム

いまこそビジネスモデルを劇的に変えるタイミング

「景気循環の影響やターゲットの違う複数の商品・サービス＝複数のお金の流入ルートをつくる、組み合わせる」。「攻めることが結果的には守りの経営になる」。これを考えることがアフターコロナの経営対策としてクローズアップされるでしょう。

今回の新型コロナウイルス感染症の影響で、ある一分野でのビジネスや販売方法（インバウンド向けのみ、対面のみなど）だけに全比重を掛けることが危険だということがよくわかりました。

新規事業を始める、誰かと組む、新しい販路や売り方を考えてみる。検討するべきことは無限にあるでしょう。

私は、平時より、3年に一度はビジネスモデルを見直すことを推奨してきましたが、今回は、さらに劇的に変える必要があると感じています。数十年あるいは、100年に一度のタイミングかもしれません。おそらく、もう元の生活には戻りません。いままでのやり方をしているところと、これを機に新しいやり方をはじめるところでは、必ず近い将来、差がついていくでしょう。

惰性が一番いけません。目の前のコロナ対策だけではなく、未来も見通しましょう。細分化された各市場で、それぞれ誰が最初に始めて、先行者メリットでニッチトップを獲るか。個人的には、インターネットが出てきたときに、既存の事業に与えたインパクトと同じくらいの変革や革命的な順位入れ替えがあると思っています。パラダイムシフトは必ず起こります。というより、もう始まっています。気づいた人・会社は始めています。

不安であれば、考えましょう。思考停止にならず、頭を使いましょう。

【この本の構成】 事業再構築　基本スケジュール

①現状の把握・分析をしてみよう
②どのように変えることができるか考えてみよう
③新しいビジネスを具体的に仮説・検証してみよう
④集客・マーケティング戦略を考えてみよう
⑤活用できる補助金・助成金を調べてみよう
⑥計画全体を事業計画書に書き出してみよう
⑦資金計画を練ってみよう
⑧実行計画・個別相談をしてみよう

この本のゴールは、事業再構築や新規事業を構想する経営者が、検討すべきことを検討し、決断し、どうやったら有利に実行できるかまで深く理解することです。まずは章ごとに読み進め、ぜひ概要を頭に入れてください。

難しい、複雑だ、まだやるかどうかわからないと思われたとしても、まずはざっくりと読むだけでＯＫです。事業再構築や新規事業の大枠がみえてきたら、もう一度読んでみてください。きっと情報が自然と頭に入ってきて、計画をより具体化する助けになるでしょう。

もし、個別ケースで判断に迷う点があったら、ぜひ、実際に私の無料相談をご活用ください。本書を読んでいただく価値がより高まるはずです。そうした「実戦」向きの書として企画しています。

ぜひ、フルに活用して事業の継続と今後の回復、発展のきっかけとしてください（無料相談の申込み方法は巻末に記載があります）。

第１章	**第２章**	**第３章**	**第４章**	**第５章**	**第６章**	**第７章**
現状の把握・分析をしてみよう	どのように変えることができるか考えてみよう	新しいビジネスを具体的に仮説・検証してみよう	集客・マーケティング戦略を考えてみよう	フル活用したい補助金・助成金の基礎知識	事業計画書を書いて新ビジネスを具体的に検討しよう	資金計画を立ててみよう

第8章　実行計画・個別ケース（著者が提供する無料相談　Zoomなどを利用）

第1章

現状の把握・分析をしてみよう

1 現状を確認する７つのSTEPとは？

事業再構築や新規事業についていきなり考える前に、まずは自社の現状確認から入っていきましょう。

普段忙しく仕事をしていると、自社について改めて現状を確認することはなかなかないかと思います。「そんなことわかってるよ」というのではなく、ぜひ一度、自社について振り返る機会にしてください。

まずは大きな視点でみていきましょう。図をご覧ください。

- 社会が求めていること（ニーズがあること）
- 自社の強み（経営リソース）
- 自社が実現したいこと（業績や社会貢献）

この３つの円が重なったところでビジネスをするとうまくいくといわれているものです。現状で自社は実現できているでしょうか？　それぞれについて、振り返っていきましょう。

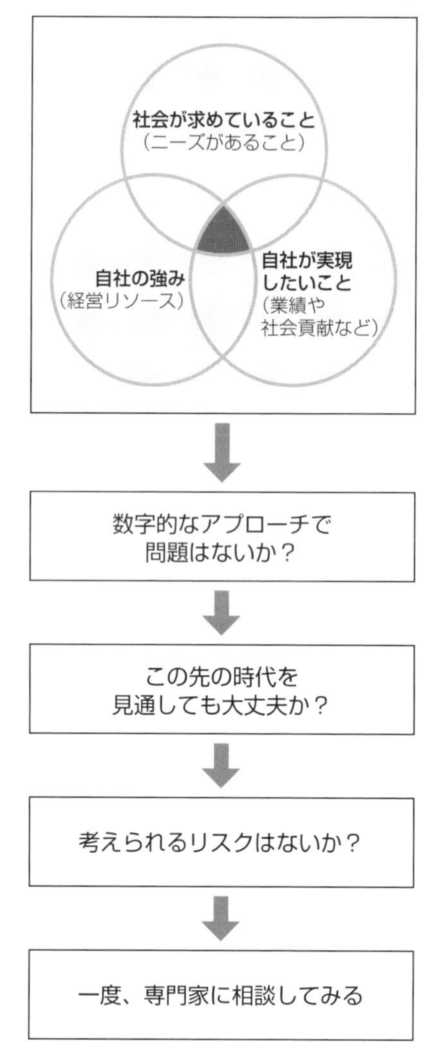

2 社会が求めていることを提供できているか？

社会に求められている商品・サービスでなければ、ビジネスとして成立しません。買うかどうかを決めるのはお客様です。買っていただくお客様のニーズに合致し、ほしいと思われて初めて売れるのです。経営では、まず、この点の確認が一番大事だともいえます。

創業当初は社会が求めていることが提供できていたのに、現状は、少しズレているかもしれない、ということもあるでしょう。プライドは捨てて、客観的に判断してみましょう。

★お客様にはどんなニーズがあって、自社はそれを満たせているか？

★最近、気になること（お客様のニーズとのズレなど）

3 自社の経営リソース・強みを最大限活用できているか？

自社の持つ経営リソースで強みにあたるのは何でしょうか？

自社としては当たり前にやっていることでも、他社からみたら、あるいはお客様からみたら、スゴイ！　というものは何でしょうか？　そのような要素が自社の強みを構成することになります。

★自社の経営リソース・強みを再確認しよう
（自社について各項目を書き出してみる）

ノウハウ	
技術・特許	
ブランド	
販路	
土地・建物	
設備	

立地	
社内の人材	
協力会社・仕入先など	
グループ会社	
人脈・ネットワーク	
つきあいのある専門家	
顧客	
ＵＳＰ※は？	
その他	

※ＵＳＰとはUnique Selling Propositionの略で、「自社の商品・サービスのみが持つ、独特の強み」のこと

コラム
ＵＳＰとは

ＵＳＰとはUnique Selling Propositionの略で、「自社の商品・サービスのみが持つ、独特の強み」のこと。わかりやすくいうと「なぜ、あなたの会社から買う必要があるのか？　他社ではダメなのか？」。買い手にとって強烈な動機があるか、です。

商品・サービスに際だった特徴がなく、買い手としては価格だけが唯一の基準となるようなものだったら、激しい価格競争に巻き込まれてしまいます。典型的な失敗パターンは図のようなケースです。

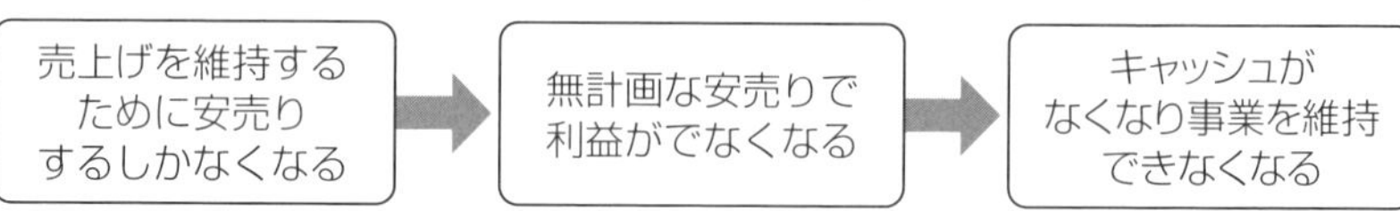

成功する会社が提供する商品・サービスはＵＳＰを持ち、他社と差別化できています。また、何らかの独自ノウハウを持っています。他社と差別化したり、独自ノウハウを持っていたりすれば、以下のようなメリットがあります。

・他社との比較で営業上有利

インターネットで大量の情報が出回る時代です。価格など簡単に比較されてしまいます。他社との比較で選ばれるには、商品・サービスなどが明確に差別化できているかが重要なのです。他社ではなく、あなたの会社から買う理由は何でしょうか？　じっくりと検討してみましょう。

・価格競争に巻き込まれない

何でも供給過多の時代。価格競争に苦しみ、普通にやっていたのでは黒字にすることすら難しい業界も多いでしょう。もし、独自ノウハウによって付加価値を付けて他社と差別化できていれば、こうした価格競争に巻き込まれずに済みます。きっちりと利益を生んでいける強い会社を作ることができるのです。

・頼まなくても買ってもらえる

見込客が求めていたような魅力的な商品・サービスであれば、こちらから営業して回らなくても買ってもらえるものです。人気店の行列を見ればわかりますよね。もとより、これだけ社会が成熟して、人々が新たに物やサービスを買う必要がない時代になると、見込客がどんな商品・サービスを必要としているのか、よく研究しておく必要があります。

自社が実現したいことは何で、それを実現できているか？

自社が実現したいことは何でしょうか？　実現できていますか？　創業当初の思いはどんなものだったでしょうか？　それは実現できていますか？　あなたの人生のなかで、仕事上達成したいことは実現できていますか？　これらは人それぞれで正解はありません。

例えば、

- 上場など、会社の社会的な成功
- 何かの役職などの名誉
- 自身の年収
- 会社のブランド
- 社員やその家族の幸せ
- お客様の幸せ
- 会社を長く続けること
- 社会貢献

というようなこともあるでしょう。改めて考えて、感じて、書き出してみましょう。

★自社の実現したいことは何か？ それを実現できているか？

★自分の人生という限られた時間を使って何を実現したいのか？
それを実現できているか？

数字的なアプローチで問題ないか？ 現状のままでいいのか？

①社会のニーズ、②自社の強みのリソース、③自社が実現したいことの３つについて、改めて振り返ってみて、いかがでしょうか？　満たせていること、満たせていないこと、どちらもあるのではないでしょうか？

現状、この３つの円の重なるところでビジネスができているとしても、数字的なアプローチで問題がないかをチェックしておく必要があります。

いくら自社の提供する商品・サービスに思い入れがあったとしても、数字の面できちんと売上げや利益を生むことができていなければ、維持することさえままならない可能性もあるからです。まずは企業の成績表ともいうべき、会計上の損益についてみてみましょう。

具体的には32～33ページの表のように５期分の比較財務諸表を作ってみます。「弥生会計」のスタンドアローン版など、会計ソフトからそのまま出力できる場合もあります。そのような機能がなければ、エクセルを使って、５期分の決算報告書から転記して作ります。数値データについては自社の経理や税理士に確認してみましょう。もし、５期分の集計が無理であれば３期分でもかまいません。

これをさらに細分化して、部門別、店舗別や商品・サービス別に表を作ることができるのであれば、部門別、店舗別や商品・サービス別に表を作って分析してみましょう。

そして、それぞれの数字をみて、最近ではあまり芳しくない成績だという部門や店舗があるなら、何が要因かをきちんと分析してみましょう。

日頃からできている経営者の皆さんについては問題ありません。なんとなくわかっていながら、見たくないものを見ないままに過ごすリスクを感じていただきたいのです。

特に、経理や会計を税務申告のためだけに仕方なくやっているという意識の方は要注意。税理士に丸投げして、毎月の試算表はろくに見ない、１年間まとめて経理作業をしているというような方も同様です。これを機によく分析してください。「このまま放っておいてはマズイ」という課題が浮かび上がってくるはずです。

★既存事業のなかで浮かび上がってきた問題点は何か？

★変わることができなかったのはなぜか？　考えてみよう

■ 5期分の損益計算書

5期比較財務諸表

貸借対照表 損益計算書

1 勘定科目	平成28年度	平成29年度	平成30年度	令和1年度	当期
[売上高]					
売上高	32,125,000	40,800,000	47,260,000	47,307,546	36,110,000
売上高合計	**32,125,000**	**40,800,000**	**47,260,000**	**47,307,546**	**36,110,000**
[売上原価]					
期首商品棚卸高	**0**	**0**	**0**	**0**	**0**
当期商品仕入高	**0**	**0**	**0**	**0**	**0**
合計	**0**	**0**	**0**	**0**	**0**
期末商品棚卸高	**0**	**0**	**0**	**0**	**0**
売上原価	**0**	**0**	**0**	**0**	**0**
売上総損益金額	**32,125,000**	**40,800,000**	**47,260,000**	**47,307,546**	**36,110,000**
[販売管理費]					
役員報酬	12,492,000	15,492,000	16,092,000	16,092,000	13,428,000
給料手当	7,087,450	8,835,358	12,863,778	13,674,506	6,083,678
賞与	3,200,000	4,136,253	3,321,400	4,574,325	1,714,425
法定福利費	2,746,596	3,009,774	3,839,760	3,688,995	3,052,091
福利厚生費	36,680	152,038	95,892	116,736	86,973
荷造運賃	0	0	2,831	0	0
広告宣伝費	0	1,500,000	0	681,819	0
交際費	71,522	194,910	103,695	28,545	0
会議費	338,172	162,267	165,494	69,867	15,510
旅費交通費	326,107	405,272	988,946	338,298	247,449
通信費	87,447	254,622	249,969	578,187	226,854
消耗品費	293,309	341,553	338,030	146,334	14,937
修繕費	0	15,000	0	0	0
新聞図書費	0	121	7,404	0	0
支払手数料	22,981	28,284	30,604	31,389	20,625
地代家賃	527,786	555,564	555,564	545,460	545,460
保険料	0	2,400,000	2,400,000	2,400,000	0
租税公課	87,400	0	12,000	52,000	22,800
支払報酬料	17,778	0	0	0	9,000
減価償却費	244,433	107,083	277,386	0	0
貸倒損失(販)	0	160,000	290,000	465,000	0
販売管理費計	**27,579,661**	**37,750,099**	**41,634,753**	**43,483,461**	**25,467,802**
営業損益金額	**4,545,339**	**3,049,901**	**5,625,247**	**3,824,085**	**10,642,198**
[営業外収益]					
受取利息	186	53	48	74	43
雑収入	1,127,854	2,334,806	1,671,156	2,635,615	23,800
営業外収益合計	**1,128,040**	**2,334,859**	**1,671,204**	**2,635,689**	**23,843**
[営業外費用]					
営業外費用合計	**0**	**0**	**0**	**0**	**0**
経常損益金額	**5,673,379**	**5,384,760**	**7,296,451**	**6,459,774**	**10,666,041**
[特別利益]					
特別利益合計	**0**	**0**	**0**	**0**	**0**
[特別損失]					
特別損失合計	**0**	**0**	**0**	**0**	**0**
[当期純損益]					
税引前当期純損益	**5,673,379**	**5,384,760**	**7,296,451**	**6,459,774**	**10,666,041**

■ 5期分の貸借対照表

5期比較財務諸表

貸借対照表 損益計算書

勘定科目	平成28年度	平成29年度	平成30年度	令和1年度	当期
[現金・預金]					
普通預金	5,805,560	6,689,709	14,953,479	2,708,352	3,606,001
現金・預金合計	**5,805,560**	**6,689,709**	**14,953,479**	**2,708,352**	**3,606,001**
[売上債権]					
売掛金	8,094,060	9,484,042	11,804,102	11,031,702	13,314,902
売上債権合計	**8,094,060**	**9,484,042**	**11,804,102**	**11,031,702**	**13,314,902**
[有価証券]					
有価証券合計	**0**	**0**	**0**	**0**	**0**
[棚卸資産]					
棚卸資産合計	**0**	**0**	**0**	**0**	**0**
[他流動資産]					
立替金	0	0	0	0	0
前払費用	0	0	10,620	10,620	10,620
未収入金	3,223,940	5,725,160	3,132,700	18,438,800	27,876,600
仮払金	0	0	0	0	0
仮払消費税等	0	0	0	0	130,630
他流動資産合計	**3,223,940**	**5,725,160**	**3,143,320**	**18,449,420**	**28,017,850**
流動資産合計	**17,123,560**	**21,898,911**	**29,900,901**	**32,189,474**	**44,938,753**
[有形固定資産]					
工具器具備品	244,433	351,516	628,902	628,902	772,086
減価償却累計額	−244,433	−351,516	−628,902	−628,902	−628,902
有形固定資産計	**0**	**0**	**0**	**0**	**143,184**
[無形固定資産]					
無形固定資産計	**0**	**0**	**0**	**0**	**0**
[投資その他の資産]					
投資その他の資産合	**0**	**0**	**0**	**0**	**0**
固定資産合計	**0**	**0**	**0**	**0**	**143,184**
[繰延資産]					
繰延資産合計	**0**	**0**	**0**	**0**	**0**
[諸口]					
資産合計	**17,123,560**	**21,898,911**	**29,900,901**	**32,189,474**	**45,081,937**
[仕入債務]					
仕入債務合計	**0**	**0**	**0**	**0**	**0**
[他流動負債]					
未払金	1,462,922	2,329,581	4,133,690	1,072,762	3,056,306
未払法人税等	913,400	543,400	1,117,100	637,600	0
未払消費税等	1,284,900	976,700	1,057,800	1,383,500	−1,162,800
預り金	1,128,682	1,550,719	1,524,253	2,022,190	2,562,594
仮受消費税等	0	0	0	0	3,613,380
他流動負債合計	**4,789,904**	**5,400,400**	**7,832,843**	**5,116,052**	**8,069,480**
流動負債合計	**4,789,904**	**5,400,400**	**7,832,843**	**5,116,052**	**8,069,480**
[固定負債]					
固定負債合計	**0**	**0**	**0**	**0**	**0**
負債合計	**4,789,904**	**5,400,400**	**7,832,843**	**5,116,052**	**8,069,480**
[資本金]					
資本金	1,000,000	1,000,000	1,000,000	1,000,000	1,000,000
資本金合計	**1,000,000**	**1,000,000**	**1,000,000**	**1,000,000**	**1,000,000**

・財務

次に企業そのものの体力ともいうべき財務についても確認しておきましょう。

新規事業を考えるに当たっては、既存事業での財務状態（資産や負債の状況）と、新たな資金調達余力の２つが非常に大切になるからです。

まずは、既存事業での財務状態を確認するために、現状の借入金の一覧表を作成しましょう。毎期の決算申告書のなかに内訳書というものがあります。こちらを活用して追記していくとラクかもしれません。合わせて、現状の担保の状態も書き出しましょう。

借入先	種類	保証有無	借入残高（万円）	月返済額（万円）	借入日	最終返済日	返済期間	金利
日本政策金融公庫		無						
○○銀行		有						
▲▲信用金庫		有						

■担保明細表

1 不動産

種類	面積	所在地	所有者	債務者	簿価	時価（参考）	抵当権設定状況（根抵当・普通抵当）
土地	205.6㎡	東京都 新宿区 ○町3-2-1	山本○○	㈱山本興業	5,000万円	3,500万円	普・公庫3,000万円 根・△銀行2,000万円
建物	99.4㎡	同上	山本○○	㈱山本興業	1,500万円	0円	同上
合計	—	—	—	—	6,500万円	3,500万円	

2有価証券

種類	銘柄	市場	所有者	債務者	単価	数量	時価合計	担保の差し入れ先
株式	●●建設	東証１部	㈱山本興業	㈱山本興業	166円	20,000株	332万円	△△銀行
ゴルフ会員権	○○C.C	―	㈱山本興業	㈱山本興業	1,200万円	1	1,200万円	□□銀行
合計	―	―	―	―	―	―	1,532万円	

・ここまでの補助金や助成金の活用は？

また、新規事業を始めるにあたって、補助金や助成金の活用を考えている場合、過去にどの補助金や助成金を活用してきたかが重要となります。

後述しますが、同じような内容で何度も申請できない補助金、前に受給しているとしばらく受給できない補助金、片方を受給しているともう一方を受給できない補助金・助成金などがあります。そのためにも必ず確認しておきましょう。

補助金・助成金	時期	金額	内容
キャリアアップ助成金	毎年	１人当たり57万円	非正規社員→社員化の際
ものづくり補助金	18/5	1,000万円	○○設備導入の際
小規模事業者持続化補助金	17/8	50万円	
雇用調整助成金			

6 この先の時代を見通しても大丈夫か？

次に、現状の自社ビジネスが、この先の時代を見通しても大丈夫か考える必要があります。その一環として、プロダクトライフサイクルのなかで、自社商品・サービスがどの位置にあるか確認してみましょう。

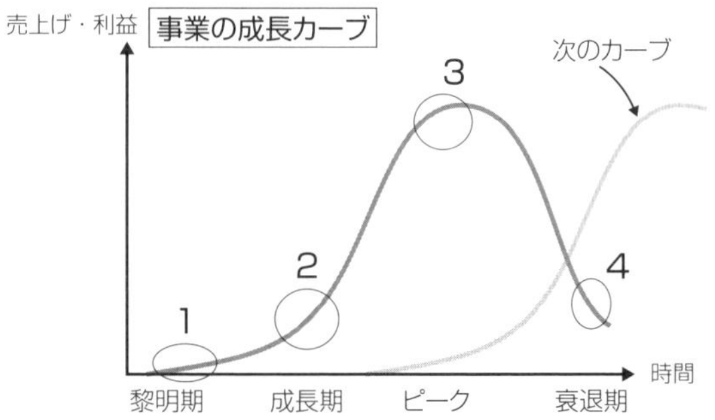

図をご覧ください。これがプロダクトライフサイクル（事業の成長カーブ）といわれるものです。

1　黎明期

まったく世の中に知られていないけど、ひっそりとよい商品・サービスが生まれている状態。お客様でさえニーズに気づいていないこともあるため、売上げ自体がほとんど上がらないケースもある。この時期にそのビジネスを始めることができれば、知名度やブランドなどでいわゆる先行者メリットを得られる可能性がある。

2　成長期

世の中でその商品・サービスに注目が集まり、爆発的に売上げ・利益が伸びる時期。先行する数社ほどが業界をリードして有利に市場を作っていく。市場の拡大に伴うシェア争いのなかでフランチャイズ化などの動きも盛んになる。儲かる様子をみて、同業種、他業種からの参入の検討が行われる。

3　ピーク

市場への参入自体も爆発的に増え、やがて供給過剰の状態を迎える。小規模な事業者も含め、市場には供給者が乱立する。やがて単価も下がり、競争もキツくて売れにくくなる。

4　衰退期

競争についていけないところは脱落。商品・サービス自体も古くなり、買い手も急に買わなくなる。

事業をしていれば常にこのカーブを意識していなければなりません。時間軸でみて、いまその商品・サービスがどこに位置しているか、常に見極める必要があります。

例えば、業界のトレンド予想を見誤り、3のピークのところで正社員を大量増員したり、大きな設備投資をしたりすれば、いままでの利益が吹っ飛ぶくらいの大打撃を受ける可能性があります。

さらには、好調なときほど、次の収益源を考えておかなければなりません。トレンドが終ったときの対処を全力で備えておかなければならないのです。

商品・サービスそのものについてだけではなくて、もっとビジネス全体で幅広く捉える必要があります。例えば、売り方。いままで店舗で販売していたものがウェブでの販売が主流になってきている、などです。

店舗での販売が4の段階に入り、ウェブでの展開が新たな次のカーブで1になっているとすれば、それに早く気がつく必要があります。いつまでも従来の方法にしがみつかず、どこかで新しい方法を仕掛けることを検討しなければなりません。

もちろん、古いやり方を全部否定することはありません。ただ、時代に合った方法に変化させることで生き残る例はたくさんあります。どんなに優れた思いつきや伝統のあるビジネスだとしても、時代が求めていなければ、売れないことを意識しましょう。

★自社の既存事業について、３年後、５年後、10年後の未来予測をしてみよう

自社のビジネスの３年後は？

自社のビジネスの５年後は？

自社のビジネスの10年後は？

コラム

時代に合わせて変えていく

時代の変化は激しいです。私は、３年経ったらビジネスのやり方を変えることをアドバイスしています。取引先でも扱う商品・サービスでも販売ルートでも広告方法でもかまいません。３年経ったら、変えるべきところがあるかどうかチェックしてみることを課題としましょう。

ただし、何事も「急」は危険です。変えるのであれば、無理やひずみが生じないよう、徐々に変えていきましょう。数か月先、数年先を読みながら、常に準備をし、事業を育てていくことで将来の変化に備えるのです。

事業を育てるとは、自分、部下、ブランド、人脈、信用など、すべてを育てることを含みます。これを機に、ぜひ考えてみてください。

今後、考えられるリスクは何か？ 対策はできているか？

経営をしていれば、常に予測不可能なことが起きます。そして、どんなに自社が気をつけていても突発的な事故のような形で突然、危機は訪れます。

今回の新型コロナウイルス感染症の感染防止に伴う、飲食店や百貨店などに対する営業自粛や休業要請、移動の自粛、入国制限など、痛いほど体験された方もいらっしゃると思います。

典型的なのが以下のような事例です。

■外的な特殊要因（コロナの影響など）

N社は起業３年目。オリンピックの開催やインバウンド観光に国が力を入れていることに注目し、京都で簡易宿泊所を開いた。

ところが新型コロナウイルス感染症が蔓延したことから、外国人の入国はできなくなり、緊急事態宣言の影響により国内旅行の需要も激減した。

最初の緊急事態宣言の解除とGo Toキャンペーンにより、一時的に国内旅行の需要が回復したものの、再び猛威を振るう新型コロナウイルス感染症により、売上げはほとんどなくなってしまった。

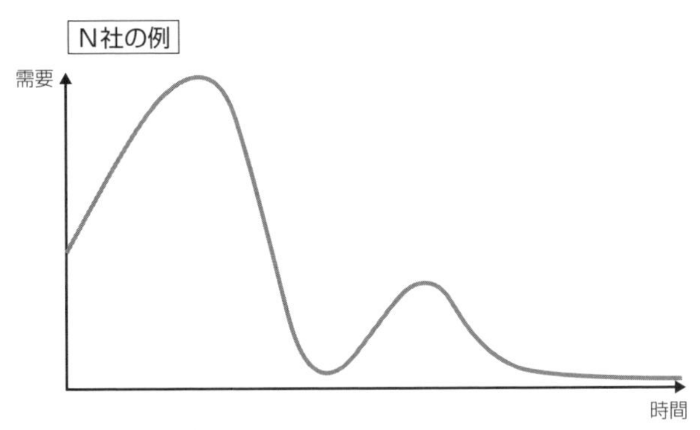

いま、融資などの資金調達や、補助金を受けられる可能性について、私のところに全国から寄せられる無料相談の大半が、このパターンに陥ってしまった経営者からです。

■景気循環などへの連動

新型コロナウイルス感染症のような特殊要因でなくとも、景気循環などにより、自社の経営が左右されてしまうことがあります。こうしたことに対応しているT社の例をみてみましょう。T社は以下の3つの事業を行っています。

【A事業】

A事業は公共事業を中心とした土木・建築事業です。時の政権が景気低迷期の景気対策として土木事業を推し進めるときや、オリンピックなどインフラ整備が盛んに行われる時期は大きな需要が見込まれる一方、緊縮財政など、公共投資が削減される時期には需要がかなり落ち込んでしまいます。

【B事業】

B事業は半導体製造装置製造関連の事業です。半導体は4年に1度、オリンピックイヤーに需要が最大化するという特性を持っています。また、近年のように自動車やスマホをはじめとして世界的に新たな半導体需要が拡大したときには、大きく需要が伸びることになります。

【C事業】

C事業は建築事業です。基本的には国内の景気に連動しやすく、景気がよいときには住宅やビルなど、建築工事が増え、景気が低迷すれば減ります。ただし、少額単価のリフォームや修繕の事業も行っているため、景気にそれほど連動せず、一定の需要があり安定しています。

このようにT社では、景気連動の高いもの、低いもの、またそれ以外のファクターを原因として需要が変動する事業を組み合わせていま

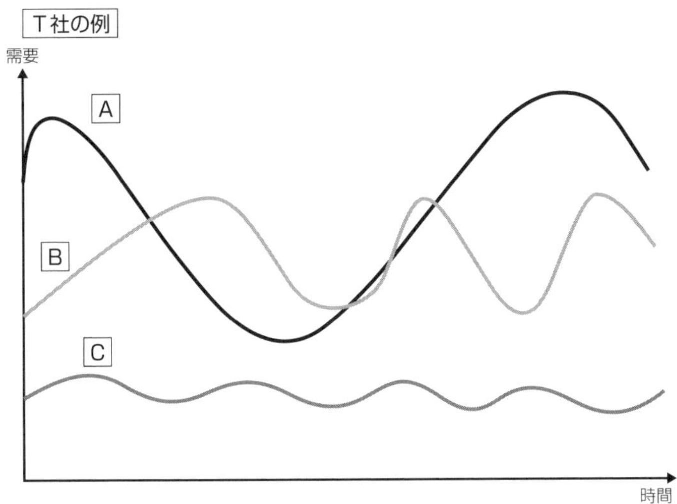

す。これにより、景気循環など、１つの要素だけで売上げの全部がそれに連動してしまうことを避け、安定した経営ができる要因になっています。

いわゆる「多角化」です。いままでも各業界で多角化は行われてきましたが、新型コロナウイルス感染症の影響をみて、さらに加速していくことでしょう。中小企業各社においても、このことはよく考える必要があると思います。

ここまで、自社の現状を確認してきていかがだったでしょうか？少しでも「このままではマズい」という気持ちになったのなら、やはり、本書のテーマでもある、事業再構築、新規事業について考えるという次のステップへと進みましょう。

自社の現状について思考を促したり書き出していただいた事項が専門家に相談する際にも役立つからです。

- 事業再構築、新規事業に対する融資の可能性
- 受給できそうな補助金、助成金の可能性
- 許認可の必要性
- 商圏、立地、導線の分析

・ウェブ関係の施策
・新会社を設立したほうがよいという可能性
・その他、意外な落とし穴を見逃している可能性
・各種優良業者の紹介

など、相談者の立場に立って親身にアドバイスをしてもらえるメリットがあります。

実際は、そうしたアドバイスよりも、客観的な助言を受けられることがメリットです。本人が「熱く」なってしまうと、周りが見えなくなってしまうこともありますが、専門家であれば岡目八目で冷静な視線で見ることができます。

コラム

1つのかごに卵を盛るな

投資の世界では、分散投資がセオリーとして推奨されていますが、この考え方は会社経営でも非常に参考になります。

まず、取引先を1社に絞らないことは基本中の基本です。

例えば、ある大企業が仕事をくれることを前提としたビジネスモデルというのは、安定した売上げが見込めるわけですから、大変ありがたい話です。ただ反面、非常に大きなリスクを背負っていることはうすうすでもわかっているはず。そう、いつか切られるかもしれないからです。

もし、そのような状況なら、すぐに取りかかりたいのは他の取引先の開拓です。現状にあぐらをかかず、地道に進めていきましょう。

商品・サービスも同様です。1つの事業だけを行うのではなく、複数の商品・サービスを組み合わせられることを目指しましょう。景気サイクルなどの相関性が低いビジネス同士を組み合わせることが理想です。

同様に、主力の従業員や外注先も絞らない感覚を持ちましょう。体調を崩してしまったり、ケンカ別れしたりする可能性もゼロではありません。

第2章

どのように変えることができるか考えてみよう

アイデアをひねり出すヒント①
オズボーンのチェックリスト法

自社の状況の確認ができたら、次に考えたいのが、どのように変えることができるかです。細かい改善というようなものではなく、大きく大胆に変える「新しいアイデア」が必要になります。

すでにアイデアがある場合、この章は読み飛ばしていただいても結構です。まだ考えたいという方には、考え方のヒントをお伝えします。

アイデアに困ったら、「オズボーンのチェックリスト法」という考え方を活用してみましょう。

オズボーンのチェックリスト法とは、元からある1つの要素に、以下の9つの変化を当てはめてみて、新しい何かを生み出すという発想法です。

①転用（他に使い道はないか？）
②応用（他からアイデアは借りられないか？）
③変更（変えられる部分はないか？）
④拡大（大きくしてみたらどうか？）
⑤縮小（小さくしてみたらどうか？）
⑥代用（他のもので代用できないか？）
⑦置換（入れ替えてみたらどうか？）
⑧逆転（逆にしてみたらどうか？）
⑨結合（組み合わせてみたらどうか？）

これは現在の事業から“意識”して考える（変える）際に使える方法だと思います。経営の各要素で変えられる部分があるか、ヒントをもとにチェックしてみましょう。

ここでは、事例として当てはまる事業再構築、新規事業のビジネスもご紹介します。

❶ 転用（他に使い道はないか？）

→そのままでも新たな使い道はないか？
→改善、改良して使い道はないか？
→ノウハウを他に活かせないか？

事例A

配送業（BtoB）を行っている。コロナ禍によるオンラインショッピングや巣ごもり需要の増加を受け、物流・配送ノウハウを活かして、一般家庭向けの買い物代行サービス（BtoC）に進出。サービス対象エリア内の提携店にて、自社スタッフや提携スタッフが買い物を代行し、個人宅へ商品を届けるサービスを展開する。

事例B

広告代理店業を営む。主にコスメ関連の広告媒体を取り扱ってきたため、コスメ関連のノウハウを有している。コロナ禍で広告出稿企業数が減少していることを受け、オリジナルの自社コスメブランドを立ち上げ、ＥＣサイトで自社開発コスメを販売する。

事例C

システム開発会社である。県内の商店街に空き店舗を持っており、そこを改装してコインランドリーの運営を行う。コインランドリーはIoT対応とし、ＩＴ化による省力化を行う。

事例D

運送業（一般宅配）を行っている。実家は農家だったが現在は廃業しているため、遊休の土地や建物がある。この建物を、しいたけや野菜等を室内栽培できる施設へと改装し、施設内で育てた作物を近隣の食品市場や店舗、オンラインで販売するサービスを提供する。

❷ 応用（他からアイデアは借りられないか？）

→何かの商品の真似はできないか？
→海外でやっている要素を持ってくることはできないか？
→他業界でやっている要素を持ってくることはできないか？

事例A

まったく別の業種の経営者が、旅行で訪れたベトナム・ハノイの有名フォー店の味に惚れ込み、日本での展開を思いつく。身１つで現地に乗り込み、身振り手振りでオーナーに直接交渉。なんとか情熱が伝わり、許諾を得た。現地にスタッフを派遣して１か月で調理も習う。開業３年目で池袋の他に新宿にも。今後も拡大を予定している。

事例B

大手脱毛サロン出身者。女性向けが当たり前で、男性にはニーズがないと思われていた脱毛。男性でも脱毛が当たり前になる時代を予測し、出店。ヒゲ脱毛を中心に大きなニーズがあることがわかり大ヒット。現在全国に10店舗以上を展開。

❸ 変更（変えられる部分はないか？）

→○○を変えられないか？

例：	意味	音	型	製造方法
	色	匂い	名前	販売方法
	働き	様式	材質	ターゲット　など

事例A

アパレルの企画製造を行っている。これまでは日本で企画→中国企業に製造委託を行っていたが、老朽化した国内工場の買い取り、建て直しを行い、自社で企画→製造→販売まで一貫して行う。

事例B

カメラアクセサリーの企画・卸売業。これまでＯＥＭで製造を依頼していたものを、自社で製造をするために、補助金を活用して生産設備を導入する。

事例C

ワインバーを経営。コロナ禍で客数が減少。巣ごもり消費の拡大を受け、１本１万円以上の高級ワイン約100種類を50ml、250mlの真空包装機（パウチパック）に詰め、専用機器および不活性ガスを用いて酸化・劣化防止処理を施したうえで、本格的なワインのテイスティングや贅沢なワインを自宅で楽しみたい一般家庭向けに、オンラインで販売する事業を開始。

❹ 拡大（大きくしてみたらどうか？）

→より大きく（強く、高く、長く、厚く、広く）できないか？
→プラスαの事業はないか？
→時間や頻度などを変えることはできないか？

事例A

産廃用機械の製造業。これまで工程の一部を満たす機械を製造してきたが、他の工程も行える機械を開発し、トータルで産廃業に提案できる体制を整えた。

事例B

足場仮設会社。資金力がまだまだあるため、さらに建設会社向けのファクタリング事業を行う。顧客基盤や人脈はそのまま活かせる。

事例C

ＥＣサイトで自社ブランドの化粧品を販売する企業。これまでのＥＣサイトでの販売データに基づいたコンサルティングサービスを提供する。

事例D

デイケアサービスを提供する企業。介護福祉系の人脈が豊富にあるため、会社や事業を買わないかという問い合わせを多く受ける。介護福祉系の会社に関するＭ＆Ａの仲介ビジネスに進出する。

事例E

高齢者向け訪問マッサージを行っている会社。代表は福祉業界の経験が長い。サービス管理者の資格をとり、障害者向けシェアハウス事業を立ち上げる。

❺ 縮小（小さくしてみたらどうか？）

→より小さく（弱く、低く、短く、薄く、狭く）できないか？

→省略や分割はできないか？

→何かの要素・手順を減らすことができないか？

→これを機に過去の事業を一度たたむことはできないか？

事例A

中華料理店を経営。コロナ禍で売上げが下がっている。今後も来店客の増加が見込めないため、現在の店舗は閉店。新たに持ち帰り専門の飲食店（厨房設備のみで店内飲食不可）をオープンし、人気があった料理のテイクアウト販売や、冷蔵品、冷凍品のオンライン販売を行う。

事例B

パチンコ店を経営。客足減少、老朽化によりパチンコ店は閉店、解体。閉店に合わせて、ＦＣに加盟し、障害者グループホームの経営を行う。

MEMO

❻ 代用（他のもので代用できないか？）

→○○を代用できないか？

例：　人　　材料　　製法　　場所

　　　物　　素材　　動力　　処理法　など

事例A

ボーカル教室を運営。コロナ禍で生徒数が減少している。小学生ボーカルの需要が高まってきているため、子ども向けにボイストレーニングの教材ＤＶＤを制作し、オンラインで販売する。

事例B

スポーツ教室を運営。コロナ禍で利用者が減少している。スポーツ指導で培ったノウハウを活かし、運動不足になりがちな地域の高齢者をターゲットとして、フィットネスクラブの運営に進出。

事例C

居酒屋を経営。主要顧客だった近隣企業のサラリーマンの来店頻度は、テレワークへのシフトや多人数の飲食自粛により減少。店舗は閉店し、別の場所に新店舗をオープンする。新店舗ではお店で提供していた人気メニューの１つである定食に特化して、ファミリー層向けの「食事」を中心としたお店に転換。個室化し、換気設備を充実させることで感染予防にも配慮。

事例D

飲食店を経営。実家は京友禅の卸売を行っていて、品質がよい京友禅を安価に仕入れることができる。京友禅を使用したバッグや小物類を新たに企画、製造し、主に外国人富裕層をターゲットとしてＥＣ販売を開始する。

❼ 置換（入れ替えてみたらどうか？）

→○○を入れ替えするなどできないか？

例：要素　　　配置　　　因果

　　型　　　　順序　　　ペース　など

事例

アパレル企画会社。昨今アパレルは厳しいため、まったく別の商材に変更。自社の統一ブランドを掲げ、商品ラインナップとして伝統工芸品を製造販売。

MEMO

❽ 逆転（逆にしてみたらどうか？）

→〇〇を逆転してみたらどうか？
例：反転　　　左右逆転　　　順番逆転
　　前後逆転　　　上下逆転　など

事例A

鮮魚加工卸売業　都内中心に2千店に業務用食材を卸売りしている。このノウハウを活用し役割を転換。豊洲で仕入れた新鮮な魚介類を中心とした高級食材の専門店を展開する。

事例B

人材紹介業。日本で働きたい外国人（主に東南アジアの方）に対して日本語研修を実施し、国内企業に紹介している。現地法人や関係機関との繋がりを活かし、日本製の高品質な商品を海外市場（主に東南アジア）へ販売するビジネスを展開。

事例C

会員制の高級レストランを経営。コロナ禍で売上げが下がっている。専門家の支援を受け、主に海老を中心とした魚介類の養殖事業に進出。寿司屋、レストラン等の飲食店に対して販売する。自社のレストランでも海老を取り入れた新メニューを開発。相乗効果、自社消費によるリスク低減が可能。

❾ 結合（組み合わせてみたらどうか？）

→AとBを合体してみたらどうか？

→AとBをブレンドしてみたらどうか？

→○○を組み合わせたらどうか？

例：業種　ユニット　サービス　目的　など

事例

地方のスキー場近くでレストランと陶芸教室を経営。客数が少なくなる夏場を狙い、所有する隣接森林にキャンプ場を開設。陶芸体験もできるキャンプ場として売り出す。

MEMO

★新規事業　既存事業からの改良　書き出してみよう

テーマや商品・サービス		
①転用	②応用	③変更
④拡大	⑤縮小	⑥代用
⑦置換	⑧逆転	⑨結合

アイデアをひねり出すヒント②
ビジネスの７つの形態

次に考えたいのがビジネスの７つの形態です。世の中のビジネスは以下の７つの類型のうち、必ずいずれかに属するといわれています。

①仕入れて売る
②作って売る
③貸す
④代行する
⑤教える
⑥施す
⑦もてなす

これをヒントに、既存のビジネスモデルに加えて、７つの類型のうち、まだやっていないことができる可能性があります。

例えば、いままで①仕入れて売るだけだったものを③貸す（レンタルする）、新規参入者に⑤教える（コンサルティングする）、他者の④代行する（代わりに仕入れてあげる）などです。

もし新しいビジネスアイデアが思い浮かんだら、それに関連して、他の類型に属するビジネスも同時に行うことを考えてみてもよいでしょう。例えば、①仕入れて売ることをしつつ③貸す。⑤教えることをしつつ④代行する、というように。

あるいは、最初のうちは資金がないため④代行するけれども、資金ができた時点で①仕入れて売るなど、時間軸を新たに加えて考えることもできます。これを機に、ビジネスの幅を拡げることを考えてみてはいかがでしょうか。

★ビジネスの７つの類型　他に展開できないか考えてみよう

	現状やっているもの	新たに展開するもの
①仕入れて売る	例）トランシーバーの小売り	例）トランシーバーの卸売
②作って売る		
③貸す		例）トランシーバーのイベント向けレンタル
④代行する		
⑤教える		
⑥施す		
⑦もてなす		例）トランシーバーも使用したアウトドアレジャーの運営

アイデアをひねり出すヒント③ 真の提供価値は何か？　核心に迫ろう

お客様からみて、いままでやってきたビジネスの、本当の提供価値は何だったのでしょうか？　お客様側からみて、本当にほしい価値、本当に買いたい価値は何だったのでしょうか？　現状、それを満たすことはできているでしょうか？

原点に立ち戻り、もう一度見直してみよう。

もし、過去からの流れで、そのあたりを何も考えず、惰性で続けてきたビジネスであれば、「お客様への真の提供価値は何か」をじっくり考えてみることにより「みえてくるもの」があるのではないでしょうか？　本質を見直せば、自ずと売れるものが提供できるのではないでしょうか？

逆に、売りたいものを自分本位で売りつけているだけという状況がみえてしまったのであれば、これを機に見直す必要があります。

多い失敗としては、プロダクトアウトの状態になっていることです。

マーケットイン	プロダクトアウト
まず市場のニーズを捉え、それに合った商品・サービスを提供する方向性	売り手側が売りたい商品・サービスを市場に提供していくという方向性

自分の商品・サービスにあまりにも惚れ込みすぎて、「こんなによい商品が売れないはずがない！」というのは、大きなワナです。商品・サービスに対する思いや熱意があるのはよいことですが、プロダクトアウトになってしまうこともよくあります。

売る側の思いだけが優先してしまえば、売れないのです。ビジネスプランを検討する時点から実行後まで、**常にマーケットインの視点を重視して進める**ようにしましょう。

★真の提供価値は何か　発想してみよう

現状提供している商品・サービス

例）セレクトショップでの洋服販売

お客様が選んでくれている理由はなんだろうか？

例）似合う服を選ぶセンスがない自分をおしゃれにしてくれる

真の提供価値から考えた新商品・サービスは？

例）流行の服を季節ごとに届けてくれるサブスク事業

アイデアをひねり出すヒント④「３要素」を入れ替え、仮説を立てよう

ビジネスモデルは大きく次の３要素でできています。

①誰に **②何を** **③どのように**	**提供するか？**

このうち、まずは１つか２つを入れ替えることを考えてみましょう。つまり、以下のどれか１つもしくは２つを変えるという発想です。

①売る相手を変える
②売る商品・サービスを変える
③売り方を変える

もし、①から③、すべてを変えるというのであれば、それはまったく新しいビジネスを仕掛けるということを意味します。

このあたりは、後の章で詳細な検討を加えます。

5 アイデアをひねり出すヒント⑤ 既存事業との相乗効果があるのは何か？

事業再構築をしたいと考える出発点として、「既存事業の落ち込みをなんとかしたい！」という発想も多いかと思います。

だとしたら、新規事業などを考えるにあたり、既存事業への何らかのプラスの効果があるビジネスは何かを探る発想です。

どう変えるかのヒントや事例は44〜54ページのオズボーンのチェックリストのところで詳しく載せましたが、**既存事業の隣接分野を探ると相性がよく、相乗効果が生まれることが多い**と思います。

その際には「既存事業との兼ね合いはどうするのか？」も考える必要があります。

- 新規事業として追加で始める
- 既存事業から一部の経営資源をまわす
- 既存事業は一部撤退する
- 既存事業は完全に撤退する
- 既存事業は譲渡する
- 上記の時期はどうするのか

などです。

これらの選択によっては、事業再構築補助金など、補助金の申請ができるか否かにも大きく関係します。

このあたりは後述の補助金活用の章で詳しく述べます。

アイデアをひねり出すヒント⑥ 未来を予測する

序章で記載したような「未来」を予測して、それを先取りするような事業を先駆けて行うという発想もあるでしょう。

- 少子高齢化
- 地域経済
- アフターコロナのおうち消費やテレワーク
- 人々が移動しなくなる世界
- 感染対策や密防止
- 逆にワクチン接種後の世界
- コロナ禍後のリベンジ消費
- インバウンドや国際化
- なくなる職業を逆手にとる
- 事業承継やM&Aなど今後、経営の世界で起こること
- ＡＩ化や自動化　など

そうした発想のためには、幅広い情報収集と発想が重要です。**普段の生活そのものがすべて情報収集である**と言っても過言ではないでしょう。

街の風景、電車広告の内容、人々の服装、どんな店ができてどんな店がつぶれているか、書籍、ＴＶ／新聞・雑誌、ＳＮＳでのつぶやき、海外ニュース、他の世代の会話、何気ない社員のひとこと、歴史（歴史は繰り返す）、他業種との交流の機会を増やすなどです。

コラム

植木の法則

長年営んでいる飲食店や商店をよく観察してみると、店頭に趣味の植木が多数並べられていることがあります。それも、店の外観とデザインを統一するでもなく、規則的に並んでいるのでもなく、完全に店主や店主の奥さんの趣味の空間として使ってしまっている感じです。

この状況は、お店の経営よりも趣味が優先している状態とみることもできます。

つまり、当初思っていたような情熱でお店を発展させていくという志よりも、趣味が優先してしまっているのです。

もっといえば、お客様よりも自分を優先してしまっている状況ともいえます。

長年、経営をしていると、自分では気づかない間に、そうした思考になってしまっている可能性があります。惰性で毎日を過ごしてしまうのです。私はこれを「植木の法則」と呼んでいます。

そうした「惰性」に自分で気づき、事業再構築をして、力強く脱却しようと努力する経営者が１人でも多く増えることが日本を元気にすると私は考えています。

第3章

新しいビジネスを具体的に仮説・検証してみよう

誰に売るのか？
―ペルソナ設定をしないとすべてがボケる―

ここまで思考が進んだら、いよいよ、新規事業、事業再構築について仮説を立ててみましょう。

前述したように、どんなビジネスモデルも以下の３つの要素の組み合わせで成り立っています。それぞれが深い意味を持ち、選択次第で成功か失敗かを分けてしまいます。

①誰に	
②何を	**提供するか？**
③どのように	

この３つの要素をそれぞれ突き詰めて考え、改良しながら繰り返し、多くの仮説を繰り返し立てていけば、成功に近づくことができるでしょう。

では、この３つの要素をそれぞれ考えてみましょう。

まずは、自社の製品・サービスは「誰に」適しているのかです。つまりは、**ターゲットをきちんと「絞り込む」必要がある**のです。闇雲にやっていてもうまくいきません。

例えば、ある化粧品会社がターゲットとするお客様に向けて、ＴＶコマーシャルを作るとします。どんなタレントを起用するか、どんな曲を使うか、どんなメッセージを発信するか。何歳くらいのどんな人に向けて発信するのかが決まっていなければ、刺さりませんよね。それと同じことです。

そのために、自社の製品、サービスを使う人をより具体的にイメージする。これを**ペルソナ設定**といいます。
「ペルソナ」とはラテン語で「仮面」という意味ですが、マーケティングにおいては、商品・サービスを利用する架空の典型的ユーザー像として使われています。

さて、ここで問題です。
以下は、どこの企業のペルソナ設定といわれているものでしょうか？

- 事務担当のＯＬ久美子さん
- 久美子さんの会社は雑居ビルの４Ｆにある中小企業
- 建物にエレベーターはない
- 文房具など事務用品の調達は彼女の仕事
- 忙しい仕事の合間に近くの文房具店に買い物に出る
- 出がけに慌ただしく追加注文を受けて、メモを取る
- 消耗品をストックしておくスペースがない
- トイレットペーパーやコピー用紙のような大物は事前に買い物の計画を立てておく必要がある（在庫管理をしなければならない）
- 雨の日に重たいコピー用紙の入った袋を提げて階段をかけ上がる
- 仕事が中断され、残業になってしまい、夜の予定が立てにくい

正解は、あの「ASKUL」（事務用品を中心とする通信販売会社）を立ち上げるときのペルソナ設定といわれているものです（参考文献：『ストーリーとしての競争戦略　優れた戦略の条件』楠木建 著、東洋経済新報社）。
納得ですよね。ペルソナ設定をしておくことが、いかに大切かを知る好事例かと思います。

一方で、「お客様を絞るのが怖い」という悩みもよく聞きます。わざわざお客様を絞ってしまったら、売上げが減るのではないかという不安です。
ただ、「それでうまくいっていますか？」ということです。

例えば、ターゲットも絞らずに、どんな料理も提供している街の定食屋さん。それよりも、ターゲットを絞り、イチオシメニューを前面に出して勝負している飲食店のほうが流行しているケースが多いのではないでしょうか？

これを機に、自社のペルソナ設定を明確化してみましょう。すべての経営要素をそれに合わせる形をとれば、よくなっていくはずです。

★誰に？（ペルソナは？）

何を売るのか？ —提供価値を深掘りしてみえてくるものとは—

あなたがお客様に提供する商品・サービスの本質は何でしょうか？突き詰めると何を提供しているのでしょうか？

例えば、コンビニ。単に並べている商品を売る店というよりも、近所にあって、いつ行っても必要なものが買える「便利さ」こそが提供価値ですよね。だからこそ、安売りしなくても売れるのです。

アパレルのセレクトショップが提供しているのは、おしゃれな服を選んで並べるという「センス」なのではないでしょうか？

このように、具体的な商品・サービスよりも、もう少し外側まで拡げて考え、お客様に提供する本質的な価値を「提供価値」といいます。**今回手がける商品・サービスの真の提供価値を突き詰めてみましょう。**

★何を？

★その本質的な提供価値は何？

今回の事業のＵＳＰ（独自の強み）はどんなものでしょうか？
あなたの会社、お店をお客様が選ぶ必然性は何ですか？　どうしてあなたの会社、お店から買わなければならないのですか？　他からではダメなんでしょうか？　その理由は何ですか？

★ＵＳＰは？（絶対にココで買いたい。その理由は？）

弱

・どこで買ったって同じだ

強

・絶対にココで買いたい

同じマーケットの中でひしめくライバルのなかで、あなたの会社、お店が他とは差別化できているという自信のある要素は何ですか？それを客観的に証明することはできますか？　それをどう表現できますか？

★差別化要素は？

お客様がその商品・サービスを買いたいという必要性は何でしょうか？　自分ではできないからでしょうか？　難しいからでしょうか？　それともあったら便利になるというものですか？

★お客様がそれを買う必要性は？

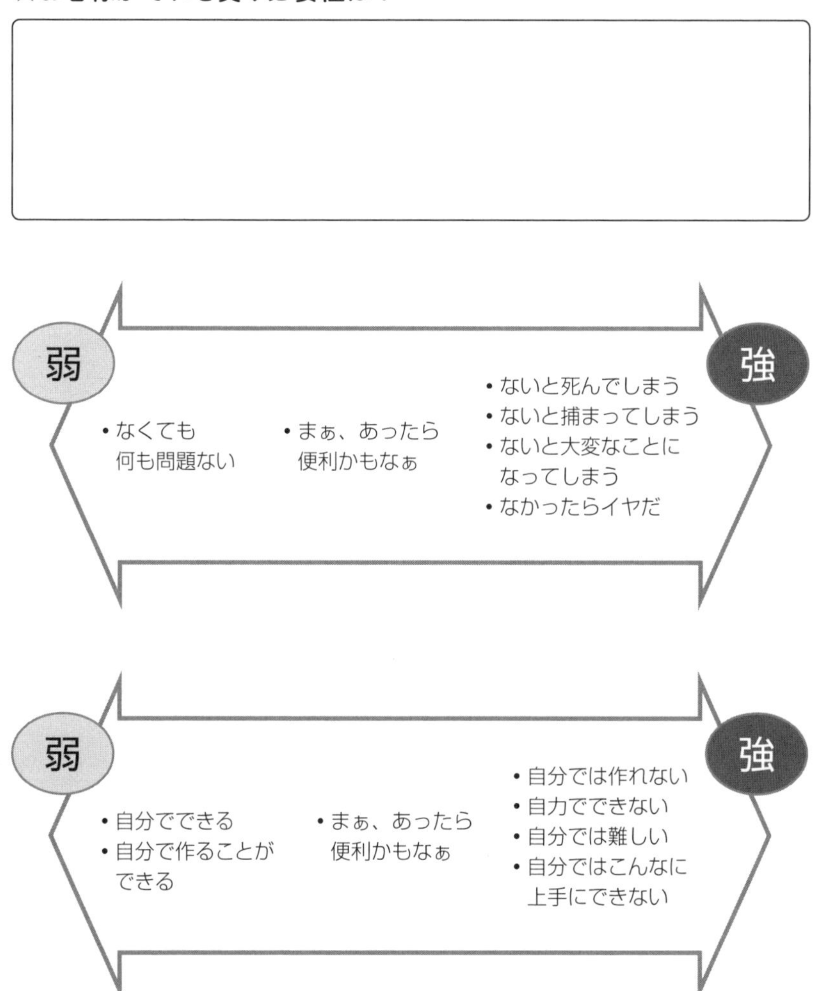

3 どのように売るのか？
—価格、場所、売り方、集客の具体化—

次に、それをいくらで売るか（①価格）、どこでどうやって売るか（②場所・売り方）、どうやって宣伝するか（③集客・広告）についても仮説を立ててみましょう。

①価格

- 価格は平均より高い？　低い？
- 商品・サービスのクオリティは普通？　平均レベル以上？
- 扱っている商品・サービスはレアなもの？　ありきたりなもの？
- 価格とクオリティを総合的にみて値頃感はある？
- ターゲット客層からみて無理なく買える価格？

当然ながら、すでにライバルがひしめき合うゾーン(レッドオーシャン)を目指してはいけません。激しい競争のなか、興したばかりの新しい事業が生き残るのは至難の業だからです。できる限り、ライバルがいないゾーン(ブルーオーシャン)を模索し、そこで勝負をしましょう。

失敗事例としてありがちなのは、ポジショニングを考えずにライバルだらけのゾーンで勝負してしまうケースです。

例えば、大手企業が多数参入している280円居酒屋と競合するような店を、すぐ近隣で出店してしまうケースが該当します。何の工夫もなくレッドオーシャンで大手企業と張り合っても勝てる見込みは少ないですよね。

そのようにならないためには、市場全体のいまの情勢や近未来の情勢をよく分析しましょう。そして、競合他社がどんな展開をしているのか、市場をよく見極めましょう。

ポイントは**他社にないような自社の強みを活かしたときに勝てるゾーンをみつけること**です。

★販売価格はいくらにするか？

②場所・売り方

- ネットで売るのでしょうか？　店舗を構えるのでしょうか？
- 店舗や倉庫、工場などを構えるとしたらどこですか？
- その時期はいつからでしょうか？

売る場所や方法を具体的に検討しましょう。いつから売るのか、その時期も構想します。

★どうやって売るのか？　場所はどこ？

③集客・広告

言わずもがなですが、事業で一番大事なのは売上げです。安定した売上げさえあれば、経営上のほとんどの課題が解決すると言っても過言ではありません。

そのためには、継続的に売上げを上げるための仕組みづくり＝マーケティングや集客手段について、綿密に計画しておく必要があります。このあたりは後に詳しくみていきます。

4 3つの円が重なるところでビジネスをしているか？

誰に何をどのように提供するかを構想したら、１章で既存ビジネスを確認したのと同じ流れで、新ビジネスも以下を確認してみましょう。

■ 新しいビジネスはここをチェックする！

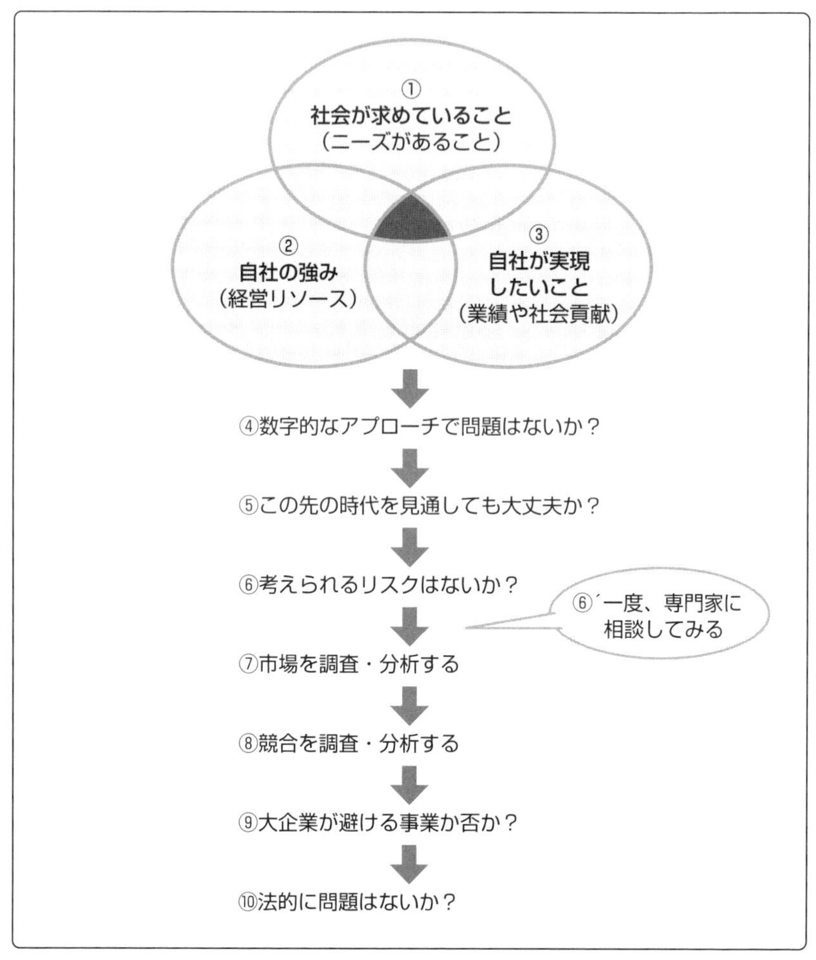

①社会が求めていることか？

社会に求められている商品・サービスでなければ、ビジネスとして成立しません。買うかどうかを決めるのはお客様です。

お客様のニーズに合致し、ほしいと思われるような商品・サービスですか？　周囲の人へのヒアリング、ネットでの調査、専門家への無料相談などを通して検討に検討を重ねましょう。

プロダクトアウトになっていないか、自分も客観的に感じ、考えてみましょう。

★お客様にはどんなニーズがあって、そのニーズを今回の事業で自社がどう満たせるか？

②自社が持つ強みで勝負できるか？

実現可能性を確保でき、さらに、市場で生き残れるだけの勝負がかけられるかどうか――、最低でも、この２つのハードルを越えられるものにしましょう。

まずは「本当に実現可能性があるかどうか？」です。自社のいまの経営リソースのなかで活かせるものはあるでしょうか？　次ページの表に書き出してみましょう。

★新事業に活かせる自社の経営リソース・強みを再確認しよう

ノウハウ	
技術・特許	
販路	
ブランド	
土地、建物	
設備	
立地	
社内の人材	
協力会社・仕入先など	
グループ会社	

人脈・ネットワーク	
つきあいのある専門家	
顧客	
ＵＳＰ※は？	
その他	

※ＵＳＰとはUnique Selling Propositionの略で、「自社の商品・サービスのみが持つ、独特の強み」のこと

★ずっと活かしていない経営リソースは何か？

★活かせる余力のある経営リソースは何か？

★活かせない状況になってしまっている経営リソースは何か？

さらに深く考えるならば、自社の得意分野で勝負しているかです。それも、できれば他社よりもズバ抜けた何かを持っていて、そこで勝負しているかです。

自社でできて当然のことでも、他社からみたら「すごい！」と思う技術やサービスが隠れているかもしれません。誰かにそんなことを言われたという記憶をたどってみるのもよいでしょう。

このような要素があなたの会社の強みを構成することになります。その強みを活かした事業が成功への近道です。

もし自社には足りない要素があるとしたら、誰か協力を仰げる人はいるでしょうか？　この点もよく考えてみましょう。

★実現するためには何が足りないのか書き出してみよう

★実現にこぎつけるための協力者を書き出してみよう

自社に足りない要素があるときは、以下についても検討します。

- フランチャイズへの加盟を検討する
- ノウハウや経験を持つ人材を登用する
- コンサルティング、プロデュースしてもらえる可能性を探る
- M&Aをする

③自社が実現したいことは何か？

新たなビジネスは、自社が実現したいことを叶えるものでしょうか？

★自社の実現したいことは何か？

★それは新たな事業で実現できるか？

④数字的なアプローチで問題はないか？

さらに考えたいのは、提供しようとしている商品・サービスが数字的なアプローチでも問題ないかです。たとえ、あなたが目指すことが、世の中に貢献度の高いものだとしても、数字の面できちんと売上げや利益を生む仕組みがなければ、維持することさえできないのです。夢や理想を語るにしても、算盤は持ち合わせていなければなりません。

迷ったら、以下の基準に当てはめてみてください。これに当てはまる要素が多いビジネスであれば、継続的に発展・拡大し成功していく確率は高いでしょう。

★ビジネスモデル選択の基準

- □ 1 粗利率は高いか、低くても圧倒的に多売することが可能か？
- □ 2 元手がかからない割に儲かるビジネスか？
- □ 3 在庫を持つリスクが少ないか？
- □ 4 世間に対して強烈なプロモーションが可能な要素があるか？
- □ 5 他社と差別化できるか？
- □ 6 人件費はかかりすぎないか？
- □ 7 会社の資金や融資、補助金でカバーできないほど初期投資が必要ではないか？
- □ 8 安定して返済にまわせるような安定した利益を上げられるか？
- □ 9 あまりにも景気や流行に左右されるようなビジネスではないか？
- □ 10 参入タイミングは遅すぎないか？
- □ 11 大企業に簡単にマネされないか？

⑤この先の時代を見通しても大丈夫か？

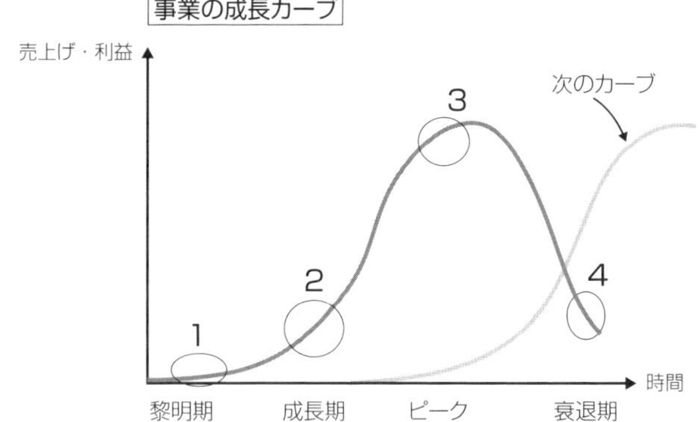

以前もみた事業の成長カーブ（プロダクトライフサイクル）の図です。新たな事業は、いま、1:黎明期、2:成長期、3:ピーク、4:衰退期のどこに位置しているかを確認しましょう。

仮に3:ピークや4:衰退期に位置しているとしたら、いまから参入してどんな勝算がありますか？

★新たな事業はプロダクトライフサイクルのどの位置にあるか？

★いまから参入した場合の勝算は何か？

★いまから参入した場合のリスクは何か？　回避する手段は何か？

★新たな事業の３年後、５年後、10年後の未来予測をしてみよう

３年後は？
５年後は？
10年後は？

コラム

プロダクトライフサイクルの事例

プロダクトライフサイクルを考えるとき、理解しやすい事例があります。2019年に大流行したタピオカ店ビジネスです。今回は第３次タピオカブームといわれ、街中でタピオカ店が新規出店し、大行列ができました。ＳＮＳに写真を載せた時に目を引く対象ともなり、「タピる」という新語とともにメディアを通じてブームに火がつく現象を我々は目にしたのでした。

その後、雨後の筍のごとく次々と参入する企業が現れることにより供給過剰となり、そこにコロナ禍が重なり、ほとんどお店がなくなる末路となりました。思いのほか早く消費者の「飽き」がきたという一面ももちろんあると思います。

私もタピオカ店開業の相談を多数受けました。印象深いのは2018年に相談を受けた台湾出身の女性です。台湾の若い女性などの間で人気のある台湾スイーツを扱いカフェを開きたい、なかでもタピオカを中心にしたいというアイデアでした。ただ、彼女はまだ若く、職務経験や自己資金、在留資格（ビザ）の関係もあり、結局は融資を受けるのが難しいという結論に達し、起業自体を諦めたのでした。

ただ、その後のタピオカ店の大流行を考えると、プロダクトライフサイクル上の最適なタイミングで参入しようとしていたことがわかります。開業できていたら大ヒットしていたかもしれません。あるいは、その後のコロナ禍やブーム終了により打撃を受けていたかもしれません。それは誰にもわからないことです。

⑥考えられるリスクはないか？

事業再構築で新たなことを始めるのは、人生における1つのチャレンジです。危険がつきものと言っても過言ではありません。事実、ある程度のリスクを取らなければ、リターンもないのです。まずは、リスクを承知で一歩踏み出す意識を持ちましょう。

ただし、リスクは取りすぎてもいけません。過剰にリスクを取った結果、何か問題が起こり、一発で事業がダメになり立ち行かなくなってしまうことも起こりえます。チャレンジが単なる蛮勇にならぬよう、必ず防御の意識もバランスよく持ちましょう。

考えられるリスクとしては、法的リスク、事故災害リスク、規模的リスク、金銭的リスク、雇用のリスク、経営者自身の健康リスクなどがあります。まずは各項目で起こりうる最悪の事態を想定して書き出してみます。そして、その最悪の事態が起こったとき、具体的にどのように対処するか、検討を重ねて記載します。「何があっても存続できる体制」を目指しましょう。

	例	対処法
法的リスク	許認可、知らぬ間に法を犯す、契約トラブル、損害賠償	コンプライアンスの徹底、あらかじめ専門家に確認するなど
事故災害リスク	労災事故、自動車事故	危険予知と対策、保険に加入するなど
規模的リスク	目が行き届かない	急激に拡大しない、遠隔地に支店を出さない
金銭的リスク	売上げ不足、売掛金回収（与信）、税金、資金繰り（払えない＆返済できない）	取引先選びを慎重にする、あらかじめ専門家に相談しておく、借りられるうちに融資を受けておく
雇用のリスク	給料、責任、労務トラブル	最初は雇わない、十分に話し合っておく、あらかじめ専門家に相談しておく
健康リスク	体調管理、健康診断	健康診断を受ける、節制する

★リスクの洗い出しをしてみよう

例)

事業上の問題点・リスク	•売上げが想定を下回る •食中毒事故 •仕入先から食材などを確保できない •社員、アルバイトの退職 •接客品質の低下
その解決方法	•広告宣伝の強化、プロモーションの強化、新メニューの開発 •衛生管理の徹底、教育による周知 •新たな仕入先の発掘 •継続的な採用活動 •退職させないための誘引（モチベーション向上、昇進昇給、時給アップなど） •能力開発の継続、強化、モチベーションの向上

事業上の問題点・リスク

その解決方法

⑥´一度、専門家に相談してみる

このあたりで一度、専門家に相談することをおすすめします。事業再構築や新ビジネスに関する**「ふんわりとした構想」がある段階が、補助金や助成金の申請要件に当てはまっているケースもある**からです。

逆にいえば、補助金等の申請ができるビジネスに修正したり、お金の使い方をチェックすることもできます（事業の一部に着手した状態だったり、経費等の一部をすでに支払っていたりすると申請の対象外になることもあるため）。

⑦市場を調査・分析する

市場環境やマーケットニーズの調査は徹底的に行ってください。表のような方法で、きちんと現場について調べます。

よくあるダメな事例として、図書館やウェブ検索などで統計データを集め、それで満足するパターンがあります。

例えば、「日本の人口高齢化により○○市場はこれから20年〜30年の間、○%の伸びが期待できる」など、マクロ経済のような机上の空論に終始してしまうケース。たしかに、その市場が伸びるかどうかの視点は重要ですが、それよりも**大事なのは、特定の地域の市場やニーズはどうなのかなど、もっとミクロの視点**です。

■ 市場調査の方法

方　法	説　明
ヒアリング	ターゲット客層に近い属性の人に意見を聞いてまわる。親しい友人の場合は、お世辞抜きで言ってもらうようにする
アンケート	アンケートを作り、回答を集計する。最低でも100人ほどのデータ集計を目指す。Facebookなどを使うのも手
ウェブ調査	地域の市場や競合他社などをウェブで調査する。楽天ランキングなど、消費者側の属性や評価コメントが掲載されているサイトも参考にする
サンプル購入	競合他社、ベンチマークにしている会社の製品を購入してみたり、資料請求してみたりする
張り込み	同じ商圏にある競合他店の前で、張り込んで観察し、紙袋を持って出てくる人数、属性などを調査する
現地調査	同じ商圏にある競合他社の店舗を見てまわる。例えば、駅からの導線上にある競合店は何かを調べる
体当たり	商圏がかぶらない先輩経営者にアポイントを取り、経営状況などについて教えてもらう
資料・データ	ウェブや図書館などで基礎データを調査する。ただし、これはあくまで世の中全体の方向性を探るためにとどめること

コラム

無理な拡大とリスクは隣り合わせと認識する

いままでさまざまな経営者をみてきましたが、失敗する人に多いパターンに「急激に広げる」があります。

いきなり店をたくさん出す、いきなり従業員をたくさん抱える、いきなり家賃の高い物件を契約する、いきなり多額のお金をかけて開発する、いきなりたくさん仕入れる……。その急激で多額の投資が経営を圧迫するのです。

経営の世界で有名な格言に「屏風と中小企業は広げると倒れる」があります。足場を固めつつ様子をみて徐々に広げる、実績や信用をコツコツ積み上げながら拡大する、こうした発想が、堅実な経営とリスク回避には欠かせないのです。

新規事業が安定し、堅実な経営へと移行する成功パターンは、ほとんど以下のような流れをたどります。

①お客様に価格以上の貢献をし、信頼を勝ち得る
②仕事が増える、客単価が上がる
③人を増やす、場所を拡大する
④まずは自分で全部抱え込んだあと、誰でもできるようにマニュアル化する

つまり、冒頭で紹介した「いきなり」のパターンではなく、足場を固めつつ地道に期待以上の仕事をし、信頼を勝ち取り続けることが成功への近道といえます。

補助金の受給の仕方にも工夫が必要です。チャンスとみたら一気に多額の投資をするのではなく、いろいろな補助金を手堅く少しずつ受給しながら徐々に拡大していく考え方も検討に値します。ゴルフで言えば、リスクを冒しながら思いきりかっ飛ばすのか、慎重に刻んでいくかです。ケースによっては、一気に多額の投資をするよりも手堅い投資をしていくほうが採択率が高まる可能性があります。審査員の立場からは、堅実で実現可能性が高い事業にみえるからです。

そのためにも1つの補助金・助成金ではなく、さまざまな補助金に次々に応募する戦略を立てていきましょう。常に最新情報を仕入れる必要があります。

⑧競合を調査・分析する

事業プランが決まってきたら、商品やサービスが顧客ターゲット層に魅力的に映るか、客観的に分析してみることが必要です。

あなたがそれなりの金額の商品・サービスを購入するとき、必ずといっていいほど、いくつかの会社（お店）をじっくりと比較したうえで、購入していますよね。立場変わって、あなたが選ばれる側になった場合、ターゲット客は、間違いなくあなたの会社（お店）と他社（他店）とを比較検討しているはずです。

ということは、**自社とちょうどバッティングする事業を行っている会社（お店）の商品・サービスについて、絶えず調査・分析しておくことが重要です。**

そのためにも、まずは今後ライバルとなる競合他社の調査を進めましょう。具体的には、サンプルとなる品の購入、お試し体験、ウェブ

コラム

開始前に徹底的に調査しろ

「こんなはずではなかった」。新規事業を始めて失敗した人は必ずこう言います。失敗の原因はさまざまですが、特に多いのは、事前のリサーチがあまりにもお粗末なケースです。

例えば、ターゲット客層のニーズが思ったほどなかったというケース。よくある相談に、ある特定分野専門のＳＮＳを作りたいといったものがあります。あるスポーツの愛好家だけに限定したＳＮＳを開発し、会費を取ってユーザーを集める。ユーザーはサークルの会員募集やマッチメイキングや掲示板などを利用でき、用具やウェアを提供するスポーツショップなども参加できるといった仕組みです。

このようなビジネスモデル、既存のマーケットで成功している事例もあるのでしょうけど、これから新しい事業を始めるときに抜け落ちている観点があると思うのです。それは、他のＳＮＳでも代用できるのではないかという点。

サイトでの情報収集、現地の視察などを行います。

例えば、飲食店を開業する場合、仲間に協力してもらい、曜日や時間帯などを変えながら競合店に数回足を運んでみます。メニュー、料理のクオリティ、内装、席数、席の配置、スタッフ数、サービス内容、客層、客の入りなどを調査しましょう。可能であれば、周囲の客の注文内容をメモし、売れ筋は何か、客単価はいくらくらいかなどを調べることができれば、非常に参考になります。

情報を集めたら比較表に落とし込んで分析しましょう。分析結果をみて考えるべきことは、市場のなかで自社が優位に立てる要素が具体的にはっきりとみつかったかどうかです。優位に立てる強みがあれば競争に勝ち、生き残ることができます。

大切な点は他社との差別化や付加価値です。他社と大差のない商品やサービスしか用意できない場合、価格で競争するしかない「魅力のないビジネス」になってしまいます。熾烈な競争のなかで疲弊し、倒れてしまえば、せっかくの努力や資金が水の泡になりかねません。提

世の中にはFacebookなど無料で利用できる汎用的なＳＮＳがたくさんあります。そんななか、特定分野だけに限定したＳＮＳを作って会員になってもらうことは可能でしょうか？　この点を十分にリサーチしてみないと「ふたを開けてびっくり！」といった冷や汗体験をする可能性が大です。

もう１つありがちなのが、いきなり壮大な計画をぶち上げて、まったく不発で終わってしまうケースです。

例えば、いままでの経験をベースに、大手企業をターゲット客層として、あるジャンルのコンサルティングに入るというような計画。このような計画を立てるとき、抜け落ちてしまうのは、「高いお金を出してまでターゲット客層はそのサービスを受けたいと思うか、そこにニーズはあるか」という視点です。

もちろん、ある程度、見込み客に話をしてあって、導入してもらう方向で社内的に話を進めてもらっているというのならよいのです。そうではなく、自分の妄想の世界だけで話が進んでしまうようなことが問題です。大事なのは頭で考えるだけではなく、行動してみること。くれぐれも事前のリサーチに抜かりのないようにご注意ください。

供しようとしている商品やサービスが他社のものと差別化されているか書き出してみましょう。

また、ありきたりなビジネスにしないためには、商品やサービスに付加価値をつけることが重要です。顧客ターゲット層の期待を超える要素を商品やサービスにプラスできるか、これが勝負です。

・競合分析表を書こう

競合分析表もぜひ書いてみてください。

重要なのは、ライバル他社が各項目で、どのような展開をしているのかです。ウェブ検索での調査、楽天ランキングなど消費者側の属性や評価コメントが掲載されているサイトの調査、ベンチマークにしている会社の商品のサンプル購入・資料請求、同じ商圏にある競合他店の前での張り込み調査、同じ商圏にある競合他社の店舗の現地調査、駅からの導線上にある競合店の調査、商圏がかぶらない先輩経営者からのヒアリングなどなど。まずは**大量の情報を集めましょう。**それを表に落とし込むのです。

そして、

・他社（他店）が自社（自店）よりも優れている点を５つ

・自社（自店）が他社（他店）よりも優れている点を５つ

を書き出してみましょう。

言うまでもなく、他社（他店）が自社（自店）よりも優れている点については、できる限り参考にして取り入れたり、マネしたりします。自社（自店）が他社（他店）よりも優れている点については、さらに磨きをかけて突き放します。

大事なのは次の３点です。

・日頃から調査して考える習慣をつけること

・経験、体験から考え語ること

・実際にお客様になってみること

■ 競合分析表の例

	当　店	人気店A	人気店B
ターゲット顧客	周辺に勤務するビジネスマン、買い物客や広島県出身者、広島に興味のある方々	40〜60代の地元の住民、ビジネスマン	若い女性、ファミリー層、買い物客
ニーズ	本場の広島風お好み焼きが食べたい。広島を知りたい	お好み焼き、もんじゃ焼き、おつまみなど鉄板焼きを食べたい	お好み焼き（まぜ焼き）が食べたい
商品・サービスの質	地元の人もうならせる広島産を中心とした最適な食材とレシピ、焼き方で本場の広島風お好み焼きを提供する	お好み焼き、もんじゃ焼き、おつまみなど鉄板焼きを提供、海鮮焼きのタレが独特でおいしい	顧客が自分で焼いて食べるセルフサービスタイプ。特にこだわりのない一般的なお好み焼き
技術	自家製ソース、独自のレシピの開発力、素材のうまみを最大限に引き出す、仕込みと焼き方	タレの開発技術、メニュー開発力	チェーンオペレーションのため運営効率がよい。プロモーションがうまい
価格	豚玉焼き 850円、スペシャル焼き 1,600円。海鮮焼きは1,000円と1,400円の２種類。 ドリンクは生ビール480円、広島県産清酒一合700円など	海鮮焼き ¥1,600、豚玉焼き ¥1,200 ドリンクは生ビール550円、サワー 450円、清酒一合 500円	豚玉焼き ¥1,250　卵チーズ焼き ¥1,000 ドリンクは生ビール550円、カクテル500円
ブランド	本場の広島風お好み焼き、広島コンセプト	創業30年になる地域密着型店、古くから通う常連ファンが多い	都内で10店舗を展開するお好み焼きチェーン店。主要ターミナル駅の商業施設に出店しており、ＴＶでも取り上げられている

販売方法	店内での飲食、テイクアウト	店内での飲食	店内での飲食
プロモーション	ぐるなびや食べログなどウェブポータルサイトでの集客、ランチでのチラシ配布、駅前や店頭でのチラシ配布 スタンプカードによるリピート促進	常連客の口コミ	ＴＶでの取材、フリーペーパー、ぐるなびや食べログなどウェブポータルサイト
強み、弱み	強み　本場の広島風お好み焼きが提供できる。 弱み　ブランドは利用できないため、知名度がない	強み　地元での知名度が高い、海鮮焼きは美味しい 弱み　お好み焼き、もんじゃは家庭でも食べられるレベル	強み　画一的なチェーンオペレーション、広告宣伝 弱み　一般的なお好み焼きの提供。接客が事務的
資本金、規模	資本金　300万円	資本金　300万円	資本金　１億円
売上げ、数量など	月商300万円見込み	月商300万円程度と予想	月商600万円程度と予想
重要成功要因	広島県産を中心とした食材へのこだわり、伝統のレシピや焼き方を守りぬく技術、仕入先との良好な関係、従業員への能力開発	地元で30年営業しており、常連客が多い。海鮮焼きのタレがうまいと評判	画一的なチェーンオペレーション。メディア戦略

★競合分析表を書いてみよう

ターゲット顧客			
ニーズ			
商品・サービスの質			
技術			
価格			
ブランド			
販売方法			
プロモーション			
強み、弱み			
資本金、規模			
売上げ、数量など			
重要成功要因			

★他社のいいところを５つ挙げてみよう

どんな点を自社（自店）に取り入れるか？

・
・
・

★自社が他社に勝てる部分を５つ挙げてみよう

自社（自店）のどんな点に磨きをかけ、さらに伸ばしていくか？

・
・
・

・ポジショニングマップ

競合調査、競合分析をしてみた結果、「これから進出する分野はライバルがひしめく厳しい戦場だった」ということも多いのではないでしょうか。後発組である自社が、そこで最初から大きくシェアを奪うことはなかなか容易ではありません。

また大企業とは違い、豊富な資金力やブランド力を備えているわけではない中小企業としては、大量の資金を投入し、広いターゲットを相手にするようなビジネスモデルでは、最初から実現可能性として無理が生じるものです。

そこで、**局地戦、差別化、一点集中、一騎打ちに該当するような戦略を立てる必要が出てくる**でしょう。その意味でも、業界内での自社（自店）のポジションを考えてみましょう。競合調査・分析の結果を踏まえて、ポジショニングマップに落としこんでみるのです。

2つの要素を、それぞれ縦軸または横軸に配置します。そして、そのなかで、自社（自店）、他社（他店）が現状、どこに位置するのか、プロットしてみます。また、将来的に、自社（自店）が業界内でどの位置を目指すのかを検討してみましょう。

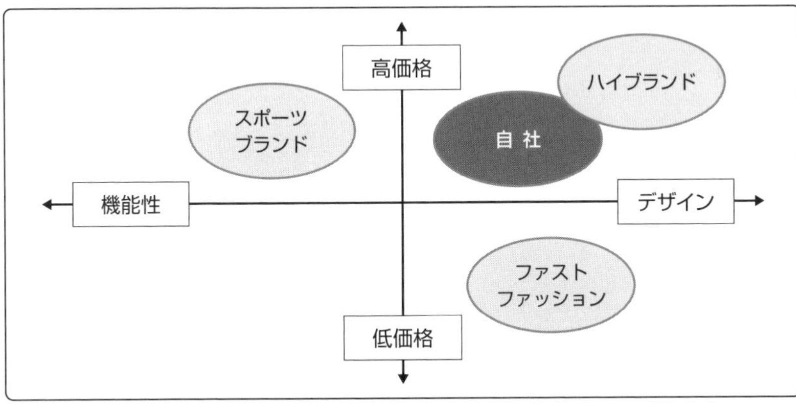

★ポジショニングマップを書いてみよう

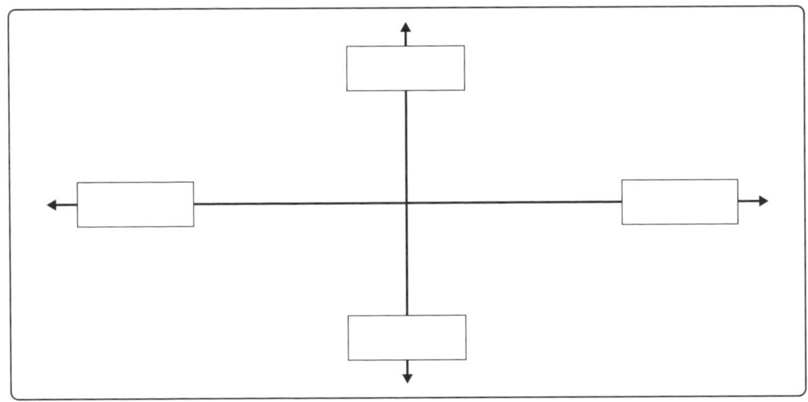

第3章 新しいビジネスを具体的に仮説・検証してみよう

⑨大企業が避ける事業か否か？

ある成功者はいいました。「**一流はインフラ・プラットフォームを作り上げる。二流はブランドを築く。三流はせっせと製造や販売をする**」と。別のある成功者はいいました。「**やっぱり、どぶさらいが一番儲かるんだよなぁ**」と。

インフラを作り上げたり、ブランドを築き大手企業を相手に取引したり、テレビで取り上げられたり。そんな風に最初からデッカく、カッコよく事業を進められたらいいですよね。

とはいえ、全員が最初からそんな風にうまくいくとは限りません。いわば、ホームランだけを狙い続けて、全然結果が出ないという失敗パターンにハマる人もいます。

有名な経営者など一握りの人間は「結果論」として、そういうことができたかもしれません。ただ、大多数の人は実績がほとんどゼロの状態から、カッコよく事業を進められるとは思わないほうがいいです。将来性もあって、本当に莫大に儲かるようなビジネスだったら、すでに大企業が多く参入してきていてもおかしくありません。

たまたまいまは大企業が参入していなくても、この先、参入する危険性もあります。

逆に「手間ひま」がかかるビジネス、他の人がやらないこと、嫌がることをも地道にやる、いわば「どぶさらい」。そういう視点を持ってみてはいかがでしょうか。

そこは一部の人にしかノウハウがないような、とてもニッチな世界だったりします。人のつながりがベースにある、きめ細かい世界だったりします。規模が小さく参入障壁が高いため、大企業が入ってきていない世界かもしれません。

カッコ悪くてもいいからとにかく結果を出す。泥臭くてワイルドな、そんな思考回路を持つことも必要ではないでしょうか。売上げが上がらないことには、食いつなぐことはできないのですから。

中小企業がビジネスモデルを考えるとき、意識したいのはこれです。

- **大企業が避ける「手間ひま」をむしろ主戦場にすること**
- **ホームランではなくヒット狙い（細かい積み重ね）を大事にする**
- **大手企業と同じ土俵には絶対に立たない**

★大企業が避けるような地道なビジネス展開を想定してみよう

項　目	内　容
手間	
価格	
市場スケール	
その他	

⑩法的に問題はないか

ある程度、ビジネスモデルの大枠についての構想がみえてきたら、それが法的に問題がないか、許認可に関わるものかどうかを確認しておくことも重要なことです。

私が受ける多くの相談のなかには、「誰も手がけていない画期的なビジネスモデルを思いついたから相談に乗ってほしい」というものもあります。ただ、そのときに気をつけなければならないのは、

- **そもそも法的に問題があるから誰も手がけていない**
- **採算が合わないから誰も手がけていない**

といったケースもあることです。

準備を先に進める前に、まずは法的に問題がないかどうかを専門家

に確認することをおすすめします。法的に問題がないビジネスモデルへと調整が可能な場合もあります。

経営者から経営相談を受けたとき、「あれ？　そもそもこのビジネスは法的にＯＫなのだろうか？」という問題点がみつかることも、稀にですがあります。すでに動き出して売上げも上がっていて従業員も多数雇用していて、広告も打っていて……というケースだとちょっと冷や汗ものです。そうなってからでは引っ込みもつかないし、かなりマズい状況になります。

金融機関の融資を受けるのなら、そこで必ずチェックが入りますが、そうではない場合は、特に注意が必要です。くれぐれも専門家への確

■ 業種別・手続きの種類

業　種	手続きの種類	所管官庁	必要な資格等
宅地建物取引業	許可	国土交通大臣または都道府県知事	宅地建物取引士
建設業	許可	国土交通大臣または都道府県知事	経営業務の管理責任者・専任技術者
タクシー業	許可	国土交通大臣	運行管理者・整備管理者
トラック運送業	許可	運輸局長	運行管理者・整備管理者
自動車分解整備業	許可	運輸局長	自動車整備士
労働者派遣事業	許可	厚生労働大臣	派遣元責任者
飲食店	許可	保健所	調理師（必須ではない）・食品衛生責任者・防火管理者
ホテル・旅館	許可	保健所	
介護事業	許可	都道府県知事	
産業廃棄物収集運搬業	許可	都道府県知事	
中古品販売	許可	公安委員会	
風俗営業	許可	公安委員会	
旅行業	登録	国土交通大臣または都道府県知事	旅行業務取扱管理者
倉庫業	登録	国土交通大臣	
警備業	登録	公安委員会	警備員指導教育責任者
軽トラック運送業	届出	運輸局長	
美容院	届出	保健所	美容師
理髪店	届出	保健所	理容師
クリーニング店	届出	保健所	クリーニング師
探偵業	届出	公安委員会	

認を怠らないようにしましょう。

さらに**許認可の確認も大事です。**法的に問題がないとしても、そのビジネスモデルで事業をするには許認可や資格の取得が必要なケースもあります。特に融資を希望している場合、ビジネスモデルとして許認可や資格が必要かどうか、それをきちんと取得しているかどうかが必ずチェックされます。

準備のスケジュールに影響するため、不安が残る場合は、専門家に事前に以下について相談しましょう。

★許認可チェック表

- □ 許認可や資格の取得が必要か
- □ 許認可や資格の取得の要件は何か
- □ 許認可や資格の取得に必要な期間はどれくらいか
- □ 許認可や資格の取得に必要な費用はどれくらいか
- □ 許認可や資格を取得しなくてもよいビジネスモデルへの変更は可能か

コラム

業種・業態による許認可以外の影響

新しく始める業種・業態によっては、金融機関あるいは信用保証協会の融資・支援対象になっていない場合もあります。例えば、風俗関係や金融などの事業を融資での資金調達を前提として始めようと考えている場合、注意が必要です。

また、補助金においても、フランチャイズで新規事業を始めようとした場合に対象外になるものがあったり、審査で不利になるものもあります。また、「フランチャイズだからダメというわけではないけど、フランチャイズ加盟金は補助対象経費にならない」など、各補助金のルール上、一定の制約がある場合もあります。

業種・業態を決めたら、許認可とともに融資や補助金などの観点でも詳しい専門家に確認することをおすすめします。

5 世の中にない新しいビジネスをイメージしている場合

なかには、まったく世の中にないビジネスを始めることを想定していて、法的にあるいは許認可上問題があるのかないのか、誰に聞いてもわからないケースもあります。

そのようなときは、**いま世の中に存在している許認可制度に詳しい行政書士よりも、許認可の範囲が及ばないまったく新しい分野の相談までをも扱っている弁護士に相談する**ことをおすすめします。

弁護士といっても普通の弁護士ではダメです。というのも、普通の弁護士にとって、この種の相談は面倒に感じることも多く、お金にならないからです。結果、「やめておいたほうがいいですよ」という結論になることが多いのです。

上記のような新しい許認可を専門に扱う弁護士であれば、政治家や役所などへのパイプもあり、ロビー活動も盛んに行っています。そこで新しいビジネスに関しての国の動きなども熟知しています。世の中にないまったく新しいビジネスを誕生させ、イノベーションを起こすことに命を賭けているからです。

そうした弁護士にぜひ、相談してみてください。身近にいない場合はご紹介も可能です。

一方で、あるＶＣ（ベンチャーキャピタル）関係者との会話でこんな興味深い話がありました。それは、ある市場で誰もが思い浮かべるようなトップ企業がないとしたら、「その市場自体が今後、まったく成長余地のない、将来の可能性がない小さすぎる市場だ」というのです。

「その市場には未来がない」といった可能性はないか、客観的にじっくりと検討したいところです。

コラム

会社経営におけるリスクとのつきあい方（まとめ）

事業を行っていけば、当然、さまざまな難局（リスク）が訪れます。経験の豊富な経営者だって、これらすべてを事前に予測して回避することはできません。しかし、だからといって、経営者たる者、一歩先を見越して対策しておくことが肝要です。

私がいままでさまざまなビジネスを行い、また支援してきた経験からすると、リスク対策としての基本は、以下のようなことですね。

・1つのかごに卵を盛らないこと

→分散投資をする。取引先や事業、借入先、主力従業員等を一本に絞らない。できれば、景気サイクル等の相関性が低い事業を組み合わせる。

・大勝ちしなくてもよいから負けないこと

→ちょっとずつの勝ちでも繁栄は続く。負ければ、一瞬ですべてを失うかもしれない。

・一番でなくてもよい。人の様子をみる

→あえて先頭を進まず、人の失敗に学ぶという方法もある。人の失敗は鮮明にみえるから、改善してよい方向性がわかる。もちろん、人の成功に学ぶのも大切。成功者の行動には必ず「理由」があるから、その理由を考える。

・事業では何事も「急」は危険（急発進、急拡大、急ブレーキ、急な借入）

→「急」は、必ずどこかで「無理」「ひずみ」が生じる。「徐々に」であれば、なじみながら進むから「無理」「ひずみ」が生じない。「徐々に」ということは数か月先、数年先を読みながら、常に準備し育てることである（事業を育てる、自分を育てる、部下を育てる、ブランドを育てる、人脈を育てる、信用を育てる等）。

・常に出口をみる

→いざとなったらどう逃げる（撤退するか）を必ず最初に考えておく。出口がないと気がついたら、進まない、やらない。

・リスクに対して、コスト計算をする

→割に合うリスクテイクなのか、常に天秤にかけて、ナメた行動をとらない。数百万円の補助金をもらうために「信用」をすべて失った企業はあとを絶たない。多少のコストのために法律破りをしない。もっと大事なものを失う。

・保険に入る。保険は城や堀と考える

→保険料を必要なコストと考え、なるべく保険に入ること。

・知らないことに手を出さない

→知らない事業にはできるだけ手を出さない。しなければならないときは必ずその道の専門家に聞きながら進める。結果的にそのほうが利益が上がる。

・情も大切、非情も大切

→ビジネスにも情は大切。でも、情に流されている自分がいたら、自分で気がつくこと。最悪のケースになる前に、時には非情な選択も必要になる。

・「人」に気をつける

→マイナスオーラを出している人物には近づかない。失敗の元。逆に自分の周りにプラスオーラの人間を置き、つきあいを深める。そうしているうちに「縁」が広がり、自然にそういう人間と知り合う機会が増え、運気が上がる。

上記のことに気をつけていれば、取り返しのつかないような大失敗の確率は低くなってくるでしょう。

第4章

集客・マーケティング戦略を考えてみよう

販売チャネルを考える前に知っておくべき「信頼度の基本法則」

事業再構築後の事業がうまくいくかどうか、重要なカギを握るのが、集客・マーケティング戦略です。

商品・サービスの販売チャネルを考えるとき、その作戦は無限大にあります。ただ、どの販売チャネルを選ぶか、またどの程度、ブランドイメージや信頼度が上がっているかで、成果は大きく違ってきます。

図は、どのようなルートで購入するかと、信頼度の高低、ライバルの多寡との関係を表した概念図です。

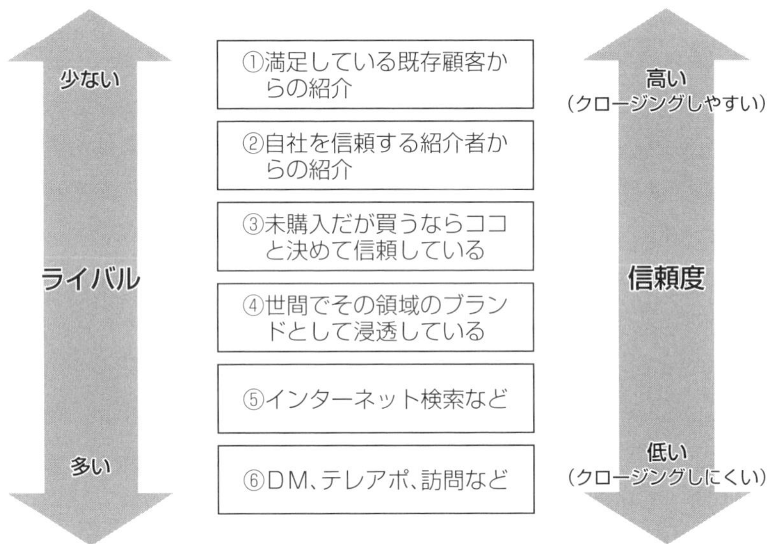

販売する事業者側からみれば、上に行くほど信頼度は高くクロージングしやすく、下に行くほど信頼度は低くクロージングしにくい状況となります。一方、上に行くほどライバルは少なくなり、下に行くほどライバルは多くなります。

例えば、①の満足している既存顧客からの紹介であれば信頼度も高く、クロージングしやすい状況です。ライバルは少なく、競争にさらされる状況ではありません。一方で、⑥のいきなりＤＭを送ったり電話営業をかけたりするケースでは信頼度が低く、クロージングに至る確率は少ないでしょう。比較されるライバルも多い状況となります。

このように、**どのレベル感の状況を作り出し、どのレベル感で販売チャネルを構築するかで有利不利は違ってきます。**まずはこの点を再度、頭に入れておきましょう。そのうえで各段階でどのような努力ができるかを検討してみましょう。

①満足している既存顧客からの紹介

- 既存顧客を大切にする
- お客様紹介制度を構築する
- リピーターに買い続けてもらう（ストックビジネスを目指す）
- 口コミ（お客様の声）

②自社を信頼する紹介者からの紹介

- 紹介者をどう拡げるか考える
- どのように口コミを起こすか
- 提携先拡大、紹介システム確立

③未購入だが買うならココと決めて信頼している

- 潜在顧客をどのように拡大し、どうつながり続けるか？
- 最初の接点を持つための、無料オファー、フロントエンド商品は？

④世間でその領域のブランドとして浸透している

- ブランディングをどう進めるか？
- メディアや出版などを通じて露出できるか？

⑤インターネット検索など

- ＳＥＯやリスティング広告をどのように活用できるのか？
- ウェブサイトのクオリティを上げる

- ＳＮＳや動画も活用する
- ウェブ制作や広告などに補助金を活用できるか検討する

⑥ＤＭ、テレアポ、訪問など

- どのように反響率を高めるか？
- ＤＭ、テレアポ、訪問等を続けるのか、他の方法も再検討する
- ＤＭなどに補助金を活用できるか検討する

新展開を考えた場合、既存事業のお客様や関係者など、販売チャネルを有利に進められる要素が多々あるでしょう。活かせる有利な要素をまずは考えてみましょう。

★どの段階のターゲットにアプローチするのか？　その方法は？

①	満足している既存顧客からの紹介	
②	自社を信頼する紹介者からの紹介	
③	未購入だが買うならココと決めて信頼している	
④	世間でその領域のブランドとして浸透している	
⑤	インターネット検索など	
⑥	DM、テレアポ、訪問など	

ジョイントベンチャー、紹介料を取り入れないのは損

既存の人脈や販売チャネルとの相乗効果を狙えるという意味でも、ジョイントベンチャーや紹介制度の導入も効果的かと思います。

ジョイントベンチャーとは、ある会社と別の会社が、お互いの強みである**経営資源（顧客、見込み客など）を相互活用する**ことにより補い合い、ともにビジネスを加速させる方法です。お金をほとんどかけずに即、強力な営業手段を手に入れることができるため、新規事業にも向いています。代表的な方法は以下のとおりです。

①紹介フィー（利用料金）を払う※

例）A社で集客したお客様にB社のサービスを案内して紹介、それが売上げにつながった場合、B社からA社に紹介フィーを支払う。

※一部の業種では、仕事の紹介を受けた場合にフィーを支払うことを法的に禁止している場合もあります（弁護士業など）。この点、ご注意ください。

②互いに送客する・宣伝する（フィーはなし）

例）C店のチラシをD店の店頭に置いてもらい、D店のチラシをC店の店頭に置いてもらう。／E社のお客様にF社のサービスも一緒に案内し、F社のお客様にE社のサービスも一緒に案内する。

③送客する代わりにサービスなどを提供

例）G社のウェブサイト制作やマーケティング活動をH社に安く引き受けてもらう代わりにG社の見込み客にH社のサービスを案内する。

ジョイントベンチャーを成功させるポイントは以下の５つです。

①基本的な条件を決めておく

いついかなる時にジョイントベンチャーに最適な相手が現れてもいいように、共通した条件を決めておきましょう。

例えば、「見込み客を紹介してもらい、無事に成約したら、売上げ（税抜）の20%をお支払いする」などです。

ジョイントベンチャーの相手の記憶に残るように、**単純なルールにしておくことが理想**です。いつでも提携関係を結べるように、あらかじめ業務委託契約書を作成しておくのもおすすめです。

②相手に手間を取らせない

相手が紹介しやすく手間をとらせない環境を整えることが重要です。手間と手数料を比較して、割に合わないようでは、紹介してもらうことはできないからです。相手側の作業や連絡などは最小限に抑える工夫をしましょう。さらには、自分ばかり儲かる仕組みではなく、ともに利益を上げられる発想をしましょう。

③わかりやすい商品・サービス

ジョイントベンチャーの相手は、その商品・サービスのプロではありません。見込み客に説明するときにわかりやすい商品・サービス、価格体系にしておきましょう。わかりやすいパンフレットや説明資料を渡しておくことも有効です。

④魅力的な商品・サービス、価格

当然ながら、商品・サービスが魅力的でなければ見込み客に紹介するのは気が引けます。魅力的にする努力を惜しんではいけません。

⑤紹介を得意とする専門家をうまく活用する

「紹介者がいたから初めての商談がすんなり進んだ」。誰しもこんな経験があると思います。商売はある意味、人脈がモノをいいます。人脈がないなら「人脈が豊富な人物」に頼るのも１つの手なのです。

専門家・コンサルタントのなかには日頃から新たな人脈を開拓し、企業と企業をマッチングして結びつけることを得意にしている者もいます。「ある大手企業と取引を始めたいけどルートがない」といったときのために頼れる専門家を何人かは押さえておくとよいでしょう。

広告の種類と効果について深く理解しておく

①広告の種類

中小企業が行う可能性がある広告手段を考えると、大きく分けて表のような方法があります。

■広告の種類

メディア	対　象	費　用	広告内容
テレビ	非常に広い	数百万円〜	動画
ラジオ	狭い（シニア層）	数万円〜	音声
新聞	広い（成人〜シニア層）	数十万円〜	文字・写真
インターネット	非常に広い	数万円〜	動画・文字・写真
DM	狭い（主婦・シニア層）	数十万円〜	文字・写真
チラシポスティング	狭い（主婦・シニア層）	数万円〜	文字・写真
セミナー（リアル）	狭い（成人〜シニア層）	数万円〜	直接対面
ウェビナー	非常に広い	無料	動画（リアル）
書籍出版（自費）	狭い（成人〜シニア層）	数百万円〜	文字・写真
交通広告(駅・バス・タクシー)	非常に広い	数万〜数百万円	文字・写真・動画

すでに多くの顧客に支持され、豊富な資金力を持つ大企業などであれば、これらすべての広告手法を行い、幅広く新規顧客を獲得することが可能です。

ただ、そうではない企業・個人事業主にとっては、まずは自社のサービス・商品が売れるかどうかを試したいのではないでしょうか。

おすすめの広告はインターネット広告です。理由は、

• 即効性があること

・手軽に安価に利用できること
・結果がすぐにわかること
が挙げられます。

・即効性があること

インターネット広告と似たようなウェブ集客の施策に、ＳＥＯ(Search Engine Optimization)対策、検索エンジン最適化があります。

例えば、自社でＳＥＯ対策が実行できたとしたら、ほとんどお金をかけずに検索順位を上げ、ウェブ集客で成果をあげることができるでしょう。

ただし、ＳＥＯ対策で成果を出すには最低でも数か月などの期間が必要とされています。この点、インターネット広告であれば即効性があるため、**ゼロから立ち上げて早く成果を出したい新規事業には最適**だといえます。

【用語解説】

インターネット広告
インターネット情報サイトの右上や目立つ位置に表示される広告。有名なところだとYahoo!Japan、ニュースサイト（スマートニュースやGunosy）、新聞社系のサイトでもよく表示されています。「広告だとわかるから」とあまりクリックしない方もいると思いますが、平均して0.1～数%の確率でインターネット広告はクリックされています。

ＳＥＯ対策
Search Engine Optimization対策の略で検索エンジン最適化のこと。Yahoo!やGoogleなどのユーザーがキーワード検索したときに、１ページ、１番目など、上位に表示されるように調整する施策です。ウェブサイトの記載内容やキーワード、被リンク（他のサイトからリンクを張ってもらうこと）、更新頻度、ドメインの古さなど、Yahoo!やGoogleの検索エンジンロボットが総合的に判断し、順位付けを行います。この順位が上がるように最適化の調整をしていくことをいいます。

・手軽に安価に利用できること

ＳＥＯ対策の場合、更新頻度を上げるために、地道に自社サイトを更新する必要があります。筆無精には続かない一面もあるのです。その点、インターネット広告であれば、そのような心配はありません。

・結果がすぐにわかること

インターネット広告であれば、他の広告施策と違って成果がすぐわかって分析することができます。このあたりは後述します。

②インターネット広告の始め方

「インターネット広告を出してみたい！」と思った場合はどうしたらよいでしょうか？　大きく分けて2つの方法があります。

- 自分で各インターネットの会社に連絡して、広告を出す
- インターネット広告の専門家に頼む

現在　Yahoo!、Googleなどでは自分で申し込んで広告を出すことができます。

ただし、勉強家の方であれば最後まで自力で設定をして出すことができると思いますが、専門用語（インプレッション、コンバージョン、リターゲティングなど）も多く、挫折する人が多いのが実情です。

そのため**多少手数料がかかっても専門家に頼まれることをおすすめします。**理由としては、比較的計画していた通りに配信できること、結果が良かった時・悪かった時の相談相手になるからです。

例えば、「広告を出してもあまり効果がなかったが、アドバイスをもらってキャッチコピー（文章）や画像を変えてから売れるようになった」ということはよくあることです。ウェブに詳しい担当者がいる大企業でも、広告代理店やウェブコンサルタントに頼むのは、この効果が期待できるからです。

【用語解説】

インターネット広告の種類

(1) リスティング広告

リスティング広告とは検索結果画面などに表示されるインターネット広告のことです。主要なサイト名でいえばGoogle、Yahoo! Japanがあり、それぞれGoogle広告、Yahoo!プロモーション広告というサービス名で展開しています。特徴としてはGoogleはスマホの検索に強く全体の70%以上の検索シェアがあります。また、Yahoo!は検索というよりはメディアサイトの側面が強く、バナー広告（画像の広告など）などに強みがあります。

(2) Google広告、Yahoo!広告

Google広告は大きくGoogle検索広告とGoogleDisplayNetworkの2つがあります。検索広告はPC、スマホで検索した際に検索結果の上部および下部に表示される広告です。GoogleDisplayNetworkはGoogleのパートナーサイト（例えば情報掲載サイト、個人ブログなど）で表示されるバナーやテキストで表示される広告です。同様にYahoo!プロモーション広告もYahoo!検索広告とYahoo!ディスプレイ広告の2つがあります。

③インターネット広告の特徴

・Google広告

Google広告には、検索広告、ディスプレイ広告の２種類があります。

検索広告に関して、現在Googleは日本国内において70%近くの検索シェアがあります。そのため**広く検索しているユーザー向けに広告を出したいと思ったらGoogleから検討する**ことをおすすめします。

次で解説するYahoo!の検索広告と比較して、さまざまな細かい設定ができることも強みの１つです。例えば、配信地域を「店舗から半径○○km以内」としたり、ユーザーの出し分けも「40代以上の男性のみ」といった設定が可能です。

ディスプレイ広告に関して、GoogleにはAdSenseという広告ネットワークがあり、多くの個人ブロガーのサイトに広告を表示できることが特徴です。

・Yahoo!広告

Yahoo!広告もGoogleと同様に、検索広告、ディスプレイ広告の２種類があります。

検索広告はGoogleの70%近いシェアに対し、Yahoo!は20%程度といわれています。ただし、Yahoo!のコンテンツが好きな人は検索する際もYahoo!ですることが多いため、予算に余裕があればGoogleとYahoo!の両方を利用することをおすすめします。

なお、ディスプレイ広告はYahoo!に強みがあり、目立つ広告枠だとYahoo!スマホのトップページやYahoo!PCのニュースページなどに掲載することが可能です。

・Google動的検索広告

Google検索広告は「キーワードを設定する方法（Google検索広告）」と「自動広告配信を利用する方法（Google動的検索広告）」があります。

通常のGoogle検索広告は、キーワードおよび広告文（見出し、説明文、URL）を作成し、管理画面上に設定することで配信が可能です。初めて検索広告を利用する方は、**広告配信をしてから１～２週間後を**

目処に配信データを確認し、キーワードや広告文の評価をしてブラッシュアップしていくことをおすすめします。

自分で設定することも可能ですが、専門的な用語や設定項目もあるため、設定ミスなどで思わぬ遠回りをしてしまうケースもあります。できる限り専門会社に相談することをおすすめします。

Google動的検索広告（ＤＳＡ〈Dynamic Search Ads〉）はGoogleが自社のホームページからキーワード抽出し、広告を自動生成して、配信される広告です。商品数が多いビジネス（＝キーワードが無数にあるビジネス）をしているケースに向いています（例えば、ＥＣ＋不動産＋旅行代理店など）。細かいチューニングはできませんが、網羅的に広告を出すことができるメリットがあるため、おすすめです。

④ＳＥＯ戦略の重要性

ここまでインターネット広告活用のメリットについて述べましたが、長期的にみればＳＥＯ対策も重要です。効果が出やすい「即効性」という意味では期待しにくいですが、GoogleやYahoo!などの検索エンジン上で、安定した上位結果を獲得できれば、広告費を抑えつつ、有利に集客することができます。

そのためには同じジャンルや隣接したジャンルですでに上位表示されているウェブサイトからリンクをもらったり、自社のウェブサイト自体をさらにＳＥＯを意識したつくりにするなど、地道な対策を長期的に継続していく「努力」が必要です。

自社サイト内にWordPressなど、自社で更新しやすいツールを使って、ブログなどのコンテンツを頻繁に更新するなど、ＳＥＯに有利になるとともに、さまざまな検索キーワードでひっかかりやすくなるような工夫が重要となります。

4 ＳＮＳを効果的に活用する法則を押さえる

事業再構築での事業展開では、広告宣伝に使える予算がそれほど多くないケースもあるでしょう。

そこで皆さん考えるのが、「ＳＮＳを使って無料で宣伝して集客できないか？」ということです。

弊社で開催する経営セミナーでも、ＳＮＳ関係は毎回すぐに満員御礼となる人気ぶりです。こうしたセミナーなどで基本を学ぶことなく、ＳＮＳでの宣伝をしている人のなかには、全然結果が出ない人も多くいます。なぜなら、「正解」を知らないままに進めるからです。

まずは最低限の法則を知ったうえでＳＮＳを活用しましょう。

①どのＳＮＳを選ぶか？

ＳＮＳには流行もあり、あちこちに飛びつく人も少なくありません。ただ、ＳＮＳの専門家に言わせれば、「ずっと定着するようなものは出尽くした」そうです。多くのＳＮＳに手を出して、結局、全部が中途半端になるという失敗もよくあります。１つか２つに絞って、じっくりと展開することをおすすめします。

では、どのＳＮＳを選べばよいでしょうか？

図にあるとおり、各ＳＮＳには特徴があります。例えば、インスタグラムはプロの写真家レベルの腕がないと難しい、LINEは情報拡散というよりもコミュニケーションツールの面が強いなどです。自社の展開するビジネスに合ったものを選ぶとよいでしょう。

バランスからいえばFacebookがおすすめです。今後も流行り廃りの影響を受けにくいといわれているＳＮＳです。著者もFacebookを特に重視しているため、以下、Facebookに絞って書いていきます。

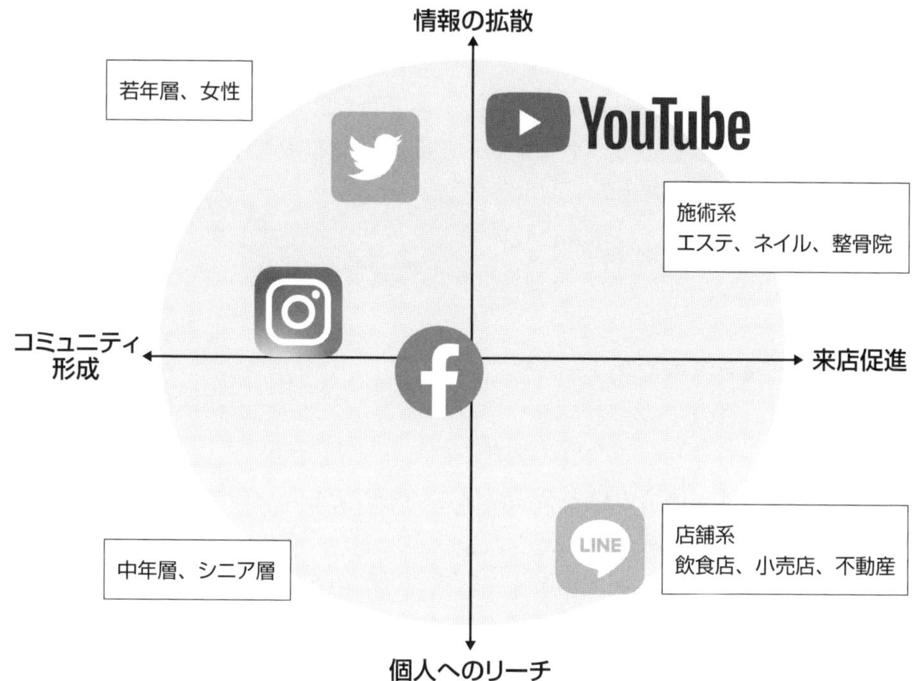

②インフォメーションツールとして使うものではない

Facebookを宣伝ツールと考えて、告知ばかりを投稿するケースがよくあります。ただ、基本的にＳＮＳは、友達同士が集まってそれぞれの近況を報告するような、いわば「コミュニティ」です。そこで宣伝ばかりすれば反感を買うこともあるでしょう。

投稿は「共感」されるようなことを書くように心がけましょう。**宣伝は、たまにちょっとだけ織り交ぜる**のがコツです。

③写真は大事。「人は人に反応する」のが正解

Facebookでは、よい写真を載せれば「いいね！」が増える傾向があり、さらに長年の研究成果から、人は「人」に反応することもわかりました。無機質な景色やモノの写真よりも、「人」が登場した写真によい反応があるということです。実際にやってみれば成果が違います。Facebookに載せるために人の写真を多く撮りましょう。

④毎日１度は投稿する

筆無精はＳＮＳの敵です。ＳＮＳで集客したければ、**１日に１回は必ず投稿する**ことを心がけましょう。とはいえ、１日に何度も投稿する必要はありません。ターゲットが読んでくれそうな時間帯を決めて投稿することを習慣化してしまえばいいのです。

著者の場合は、昼休みに読んでもらうことを意識して、ほぼ毎日12時前くらいに書き始め、12時20分くらいに投稿しています。

⑤テーマを決めてシリーズ化

毎日、適当なことをつぶやくのではなく、テーマを決めて、シリーズ化した記事として投稿する方法もあります。

テーマは、仕事の話と全然関係ないものでもよいのです。その街の歴史や古写真を載せて地元の人に読んでもらうなど、シリーズ化したブログのような展開から集客に結びつけている例もあります。

⑥長文、リンクは読まれない

Facebookは長文を書くこともできますが、あまり読んでもらえなくなる傾向があります。できる限り言いたいことを簡潔に短く表現するようにしましょう。

また、外部のブログなどにリンクする方法は、あまり読まれないこともわかっています。外部にある自分のブログをリンクするくらいなら、Facebook上に簡潔にまとめて書くことをおすすめします。

⑦題名をつける

記事には題名をつけると読んでもらいやすくなります。例えば【おすすめのお店】、【起業・経営支援日誌】などです。

Facebookの場合、ある程度以上の文章は、折りたたまれてタイムライン上に表示されなくなる特徴があります。そこで、できるだけ上のほうにキャッチーなタイトルや文章を書いて、多くの人に読んでもらう工夫が必要になるのです。

⑧友達は数ではなく質を重視してつながる

ひと昔前はFacebookの友達の数を競うことが行われていました。というのも、つながった友達全員に情報を拡散できたからです。

ただ、現在はというと、つぶやいたとしても、つながっている友達全員のタイムライン上に表示されるわけではなく、せいぜい数十人にしか表示されないことがわかっています。

だとすれば、質のよい情報の拡散を考えて、ターゲットに近い属性の人と関係を持つ「質のよい友達」とつながることを意識することのほうが重要なのです。その人たちにシェアしてもらうことを目指しましょう。

⑨紹介の場として十分に活用する

最後に、集客を目的にFacebookを継続する最大のメリットとして、紹介ツールとして活用できることが挙げられます。

Facebookを使いこなしている人は、メッセンジャー機能をうまく活用しています。特に、お互いに紹介したいFacebook友達がいたら、すぐにグループを作成し、そこで紹介し合っています。つまり、ウェブとリアルの融合、合わせ技です。

ＳＮＳ疲れでFacebookを敬遠する人もいますが、こうした有効な機能を活用できないだけでも損をしているのではないでしょうか。ぜひ、これを機に取り組んでみてください。

5 クラウドファンディングで認知度を一気に広める方法

最近、資金調達手段として注目を集めているクラウドファンディング。実は、クラウドファンディング（Crowd funding）のクラウドは雲（cloud）ではなく、群衆（crowd）です。つまり、クラウドファンディングとは、群衆からお金を集める手法。簡単にいえば、インターネットのサイトを通じて大勢の個人から少額のお金を集めることで資金調達をする方法です。

クラウドファンディングには、寄付型、金融型、購入型などがありますが、購入型のクラウドファンディングサイトが主流となっています。購入型のクラウドファンディングは、活用の幅も広いため、ぜひ基本的な知識を勉強しておきましょう。

①購入型クラウドファンディングを利用するメリット

購入型クラウドファンディングを利用するメリットは、以下のようなものがあります。

・資金調達の幅が拡がる

すでに融資はめいっぱい借りているなど、**融資が通りにくいような場合でも、事業資金を集められる可能性**があります。また、融資を受けて、さらに資金が必要なときに併用することが可能です。

・事業をＰＲできる

クラウドファンディングサイトで多くの資金を集めているプロジェクトは、メディアからも注目されます。新聞や雑誌の取材を受けるなど、事業に関して世間へのＰＲが必要な新事業のスタート時期には、もってこいのＰＲ手段となりえます。

・ファンづくりの場として使える

サポーターに活動報告をしたり、逆にサポーターが応援メッセージを書き込んだり、双方でのコミュニケーションが可能。事業そのものの「ファンづくり」の場にできます。

つまりは、新事業にとってスタート時期に必要な**潜在顧客を獲得できる可能性**があります。

・テストマーケティングの場として活かせる

商品・サービスを本格的に売り出す前に、テストマーケティングの場としてクラウドファンディングを使う方法もあります。ユーザーと双方向でのやりとりもできるため、ユーザーの意見を吸い上げて、改善が必要なことはその後、活かすことが可能です。

②クラウドファンディング成功のコツ

クラウドファンディングで成功するためのコツには、以下のようなことが重要です。

・クラウドファンディングに関する正しい知識を身につけたか

クラウドファンディングは、直接的にお金が絡むものであるため、慎重に進める必要があります。まずは正しい知識を身につけましょう。不安があれば、クラウドファンディングに詳しい専門家に相談することをおすすめします。

・何をリターンにするか

支援者の立場として見方を変えれば、クラウドファンディングは「応援できるネット通販」のようなものです。つまり、根本的に魅力的な商品・サービスでなければ売れないのです。

おもしろいリターン、魅力的なリターンを考えることに全力を注ぎましょう。おもしろいリターン、魅力的なリターンを考えることは、今後の事業のＰＲにもつながります。

・準備が８割

開始してから**24時間以内に目標金額の30％を集める**ことに、全力で意識を向けましょう。その場合のプロジェクト成立率は75％といわれています。24時間以内に目標金額の30％が達成できなくても、開始後１週間ほどで約45％を集めることができれば、成功率は70％といわれています。

・プロジェクト公開＝スタートでは遅い！

開始前からプロジェクトのＰＲ活動をしっかりと行いましょう。そのために協力者を集めることが肝要です。モチベーションを上げ、全員の熱量の総和を高めていきましょう。

・プロジェクト開始の10日前からクラウドファンディングを始める告知をする

開始前にどれだけ告知できているかが非常に重要となります。FacebookやTwitterなどのＳＮＳや口コミなどで、周りの知人、友人、取引先などに拡散しましょう。ホームページやブログでの告知、プレスリリース配信なども同時に行うと、さらに情報拡散を期待できます。

・クラウドファンディング成功のカギはＳＮＳにあり

プロジェクトメンバー全員のＳＮＳの友達（Twitterのフォロワー数、Facebookの友達数など）が合わせて**1,000人を超えているのは最低ライン**です。もちろん人数がいればいいというわけではありません。ＳＮＳで発信力を持つ良質な友達を増やしておくことが肝要です。日頃からＳＮＳのつながりを増やす努力をしておきましょう。

・熱い思いを語るライティングが重要

クラウドファンディングのプロジェクトページでは、熱い思いを語るライティングが非常に重要になります。必要なのは、支援者の「共感」です。このプロジェクトを立ち上げるに至るまでの自分の人生、そして、ストーリーを書き上げましょう。

・**ビジュアルを整えることに意識を向ける**

クラウドファンディングサイトでは、多くのプロジェクトページが乱立しています。そのなかで興味を持ってもらうには、ライティングだけではなく、写真やロゴなどビジュアル面も非常に重要な要素になります。ウェブデザインの専門家なども味方につけ、ビジュアル面の強化を図りましょう。

③クラウドファンディングでの注意点

・**炎上に注意する**

クラウドファンディングでは、しばしばウェブ上での炎上騒動が持ち上がります。その多くはリターンの内容や集めた資金の使途が原因で、例えば、集めた資金の使い道があいまいで、「プライベートな使途に流用してしまうのではないか」と疑念を受けるようなケースです。

このようなリスクを避けるためにも、クラウドファンディングを進めるにあたり、専門家など第三者の視点からアドバイスをもらっておいたほうが無難です。

・**必ず達成できる計画かどうか**

クラウドファンディングにはAll-inとAll or Nothingの２パターンがあります。

・**All-in**…目標金額に届かなくてもプロジェクトが成立する
・**All or Nothing**…目標金額に届かない場合、プロジェクトは不成立で返金される

注意が必要なのはAll-inを選択する場合です。

例えば、お店を開くためには600万円のお金を集める必要がある場合でAll-inを選択してしまうと、100万円しか集まらなかったとしてもプロジェクトは成立してしまうのです。

そうなると、残り500万円はなんとか別の方法で融通して、プロジェクトを成就する必要に迫られてきます。資金に不安がある場合、All or Nothingを選択しておくなど、慎重な対応が求められます。

★プロジェクトを考えてみよう

プロジェクト名
そのプロジェクトで実現したいことを具体的に書いてみよう
そのプロジェクトをなぜやりたいと思ったのか、書いてみよう
リターン（お礼の品）として思いつくものを書き出してみよう

6 コバンザメ的な戦略でお金をかけずにＰＲ

何の戦略もなく地べたを這うような営業ばかりして、諦めに近い状況になっている経営者をよくみかけます。根性だけでなんとかするというのは、そんなに長く続くものではありません。地べたを這いつくばってでもがんばるという発想の前に、どのように空中戦を展開して知名度を上げるか——、がんばるところは、むしろそこなのです。

例えば、**体力がない中小企業が採れる戦略**の１つとして「**コバンザメ戦法**」があります。
自社のホームページやサイトにお金をかけて、ＳＥＯ、リスティング広告などで目立たせるのは大変です。事業再構築を行う時点では、お金をかけることができないこともあります。
だったら、もっと視野を広げ、お金をかけずに、どうやったら「すでにＳＥＯが効いている大手サイト」と絡めるか、リンクをもらうにはどうするかを考え抜くというのも１つの手です。

他にも、隣接している業界で１位の儲かっている会社と、どうやったら友好的に協業・提携・ジョイントベンチャーを組めるかを探っていく方法もあります。お金をかけずとも、直球ばかりの思考ではなく、変化球での思考をすると戦略の幅と速度、確実性を上げることが可能になります。

ＴＶや雑誌、ウェブメディアなどの発信力をうまく使って知名度を上げるのも有効な手段です。最初こそ難易度は高いですが、コツをマスターしてしまえば不可能なことではありません。
どうやったらＴＶや雑誌などに取り上げてもらえるかを考えてみましょう。

まず、ＴＶ・ラジオなどのディレクター、新聞、雑誌、ウェブメディアの編集者は、出演者、執筆者、取材対象者などを、どこで見つけているのか知ることから考えてみます。

世間でよく推奨されているのは、こうしたＴＶ局などのメディアに向けて、こまめにプレスリリースで発信する方法です。

ただ、実際にＴＶ局の現役プロデューサーやディレクターに聞いてみると、プレスリリースはほとんど読まれていないのが現実のようです。忙しい仕事をしているなか、毎日、大量に送られてくるFAXなどのプレスリリース情報を見る暇なんてないからです。

では、現実的には、どうやって出演者、取材対象者などを探すのでしょうか？

これは圧倒的に、ウェブ、YouTubeそして、著書だそうです。彼らがある特定ジャンルの情報が必要になったとき、真っ先にすることはウェブ上での検索です。そして、いくつかの取材対象を発見したあと、それぞれを比較し、誰に連絡を取るのかを決めるのです。

ということは、そのために必ずやっておいたほうがよいこと、それは自社のウェブサイトに、**その道で極めている存在は自分（または自社）だということを、わかりやすくＰＲしておくこと**です。

例えば、ある業界での実績がナンバーワンだということ、他にはないおもしろい特徴がある商品であることなど。それも、目立つところに書いておくことが重要です。

できれば、バナーなどを作り、受賞実績、出展実績、取材実績など、目に見える成果を掲げておきましょう。できるだけ早く、こうした受賞、出展、取材などの実績を上げることが有名になる近道です。小さなところから、メディア掲載の実績を少しずつ上げていきましょう。

メディアミックスの考え方もぜひ取り入れてください。複数の広告販促手段を連携的に設計して運用するやり方です。例えば、ある地方ＴＶ局では、有名なお笑い芸人などが出演する番組内で、中小・ベンチャー企業の商品・サービスや会社自体をＰＲしてくれる有料サービスがあります。地方のＴＶ局なんてあまり人が見ないように思いますが、１つポイントがあります。その映像の二次利用が認められているということです。

例えば、そのあとの展開として、YouTubeに映像をＵＰしたあと、自社のホームページにバナーを貼ったりＳＮＳで発信したりして、ブランド力を高めるなども可能なのです。ＴＶで取り上げられたこと、タレントが番組内でＰＲしてくれたことは、ブランド力に欠けるベンチャー企業にとって、ライバル他社に差をつけるきっかけになるでしょう。口コミや紹介で拡がっていくときにも大きな武器になります。

★どんな形で、どんなメディアに取り上げられたいか、考えてみよう

	どんな番組、コーナー	目指すターゲット	内容	採用ルート
ウェブメディア	例）「Food Now」	食通な読者	話題の店紹介	専門家の紹介
雑誌				
新聞				
ラジオ				
テレビ				

サブスク化、リピーター化はいつの時代も最強

「ストックビジネス」や「サブスクリプション」という言葉を聞いたことがあるかと思います。ビジネスモデルを考える際、もう１つ意識しておくべきことでフロー型かストック型かということです。売上げのタイプにはこの２種類があり、売上げの安定にも影響します。

- **フロー型**

　流動的な売上げ。スポットで購入されるような商品・サービスです。

- **ストック型**

　月々安定している売上げ。毎月購入型の定期通販商品、顧問料や会費のような売上げです。

ストック型売上げの割合を増やすことができれば、売上げは安定します。逆に、フロー型売上げの割合が多い場合、月によって売上げが安定せず、また常に集客や広告宣伝に多大なお金や労力を費やし続けなければならない可能性があります。

この２つについて、コンサルタント業の会社を想定して、具体的にみてみましょう。

A）フロー型売上げのみ

毎月１件程度、30万～50万円のスポットの仕事を依頼されるケース

B）ストック型売上げのみ

毎月１件、新規顧問先（毎月の会費５万円）を獲得できるケース

として５年間の売上げをイメージしてみます（解約は１件もないものとします）。

	A）フロー型売上げのみ	B）ストック型売上げのみ
1年目	482万円	390万円
2年目	582万円	1,110万円
3年目	380万円	1,830万円
4年目	602万円	2,550万円
5年目	625万円	3,270万円

(ストック型　毎月の売上げ)

1年目

(単位：万円)

1	2	3	4	5	6	7	8	9	10	11	12	計
5	10	15	20	25	30	35	40	45	50	55	60	390

2年目

1	2	3	4	5	6	7	8	9	10	11	12	計
65	70	75	80	85	90	95	100	105	110	115	120	1110

Aの場合、毎月の30万～50万円程度の売上げを上げるために、営業に関わる多大なコストと労力をかける必要があるでしょう。にもかかわらず、単発の売上げが上がるだけです。売上げも先が読めず不安定な状況が続きます。Bの場合は、解約さえなければ、先が読める安定した売上げが積み上がっていきます。

このようにイメージをしてみると、**ストック型売上げを取り入れることができれば、売上げの安定には理想的**だということがわかります。提供するサービスの内容を考える際には、ストック型のものを入れることができないかも検討することをおすすめします。

同じような視点で、フロー型の売上げだとしても、継続的にリピートしていただくお客様を増やすことによってストック化できる可能性もあります。

例えば、飲食店であれば、３回通っていただくことに成功すれば、リピーターとして定着したとみていいといわれています。

問題は、どうやって、２回目、３回目の来店をしていただけるようにするかです。その方策もよく検討しましょう。

★自社のビジネスをストックビジネス化するにはどうすればいいか書き出してみよう

★顧客をリピーター化するための工夫は？　書き出してみよう

立地についてどこまで深掘りして考えておくべきか

店舗系のビジネスや、来客型のオフィスを前提としたビジネスでは、商圏、立地、導線が非常に重要になってきます。

まず、皆さんがよく行くお店を想像してみてください。

飲食、スーパー、コンビニなど、どれも共通して皆さんの生活と関係している場所にあるか、そこからそう遠く離れていない場所にあるかと思います。

逆に店舗側からみると、そのように無理なく来店してくれるお客様がどれだけいるかが重要で、そのお客様が商圏のお客様になります。

①商品の特性と立地の関係

無理なくご来店いただけるという観点から考える理想の立地は、商品の特性によっても違ってきます。

これをご覧ください。

- **最寄品**…消費者が頻繁に特別な努力もせずに買おうとする商品。最も身近なところで手に入れる（例：自動販売機のジュース）

- **買回品**…消費者が品質、価格、スタイルなどを比較検討したうえで購入する。その結果、あちこちの店を回り、比較検討したうえで購入する（例：家電製品）

- **専門品**…消費者が特別な努力をしてでも買おうとする商品（例：ブランド品、人気専門家への相談サービスなど）

商品やサービスは大きくこの３つに分けることができます。

最寄品はその名のとおりで、何も考えず手近なところで買いたい商品ですね。**買回品**になってくれば、多少遠くても、比較しながらあれこれ見て回りたいということになります。さらに、**専門品**にあたる商材であれば、多少立地が悪くてもお客様が来てくれることになります。わざわざ遠くまで出かけても見たい、手に入れたい商品・サービスです。まずは、この違いをよく頭に入れておいてください。

②商圏分析

最初にすべきことは、人口、世帯数、企業数、昼間人口などの調査です。自社が想定するメイン要件のマーケットのチカラをみるためのもので、これから釣るべき魚群がいるかどうかです。ここを見落としてしまうと、そもそもお客様のいないところで商売することを強いられます。

最も基本的な視点になるので、念入りな調査が必要です。本格的に調査するのが最善の策ですが、ぬかりなく分析することを意識し、主要項目を確かめたうえで意思決定をしてください。

③商圏範囲

②を押さえたうえで店舗の商圏範囲を想定します。

例えば、徒歩での来店を考えるのであれば、通常は丸い円で店舗から半径○キロの人口数や世帯数などを調べます。筆者の場合もそうですが、専門サービスの来店型オフィスの場合などであれば、それよりも広い範囲で、交通手段を考えながら想定します。例えば、「東京の池袋駅から電車で１時間圏内」などです。

例えば徒歩での来店をイメージするのであれば、想定は円で何キロ圏内というのが通常だとしても、来店の障害になるものの存在には注意が必要です。山や川、片側３車線の広い道路、鉄道で隔てられた駅の東口と西口、大きな工場などが該当します。現地で確認する際には必ずこうしたことも意識しましょう。

ただし、前述のとおり、専門品に近い性質の商品・サービスであれば、これらが障害にならない場合もあります。

④導線分析

導線とは、お客様が普段使っているルートのことです。例示すると次のようになります。

例１）食料品を売る店を出店したい

- ターゲットになりそうなのは大型マンションが建ち並ぶエリア
- 大型マンションから駅までにどこを通るのか

例２）学習塾を開きたい

- ターゲットになりそうな高校
- 高校から駅までにどこを通るのか

こうしたルート上にお店を構えれば、来店してもらいやすくなるということです。

⑤交通発生源

④を調べるとき意識しておきたいのが交通発生源という考え方です。
例１）食料品で会社帰りの買い物を想定するならば、出発点は駅であり、到達点は自宅である大型マンション、学習塾であれば、出発点は学校であり、到達点は駅になります。このように出店場所を考えるのであれば、交通発生源を意識することも非常に重要となります。

ただし、家賃との関係でいけば、誰もが通る「**主導線**」といわれるところにある物件は家賃が高い可能性もあります。次に通る人が多い「**副導線**」といわれるところに出店して家賃を抑えるという考え方もありえます。そうした抜け道的なところが意外と時間帯によっては人通りが多いこともあるのです。

また、導線上に強いライバル店舗が多数存在していて邪魔になることもありえます。こうしたことはとにかく現地確認が重要です。必ず現地を地道に調査・確認しましょう。

⑥視認性

店舗を選ぶ際には視認性も重要となります。**導線上で10メートル先から見えるかどうかが１つのポイント**といわれています。

もし全然見えないほど奥まっている立地などの場合、看板などでカバーできるかどうかがポイントです。

角地であれば、店舗自体も、交通発生源の出発点から到達点に向けた導線上で見える方向にあることも重要となります。

⑦階数、阻害テナント

店舗や事務所の家賃は階数によって違いがあります。１階のいわゆる路面店は、２階以上のおおよそ1.5～２倍以上するのが相場です。その分、視認性も高くなり、売上げが上がることが期待されます。

１階がマストか、２階以上でＯＫかは業種によるでしょう。

例えば、飲食店は一般的に１階がよいといわれますが、美容院などは「外から見えない」「隠れ家的になる」などの理由から２階以上がかえってメリットになることもあり、一概にはいえません。

いずれにしても、店舗入り口がわかりやすい、看板を外に置くことができる、エレベーターがあるなど、**２階以上でも大丈夫な要素を確認する**必要があります。

もちろん、ネット広告などでのお金のかけ方、専門品であるかどうかなど他の要素との関係も大きく影響します。

また、「同じビル内に女性が入りにくくなるようなテナントが入っていないか」「マニアックで恥ずかしくなるようなお店が入っていないか」「同業者が入っていないか」なども確認が必要です。

⑧立地と現地確認

車での来店を想定したときに車が止めやすいか、下り坂の途中や歩道橋の麓にあって車で入りにくい、周囲が治安やガラが悪いエリアとして知られているなど、お客様の立場になって考えれば、「ココはないなぁ」という立地もあるでしょう。必ず現地をよく確認し、立地の表面的な魅力に惚れ込まず、大事なところを見落とさないようにしてください。

⑨家賃

業種にもよりますが、**家賃は売上げ予測に対して10〜15%程度に抑えるべき**だといわれます。ただ、これはあくまでも「売上予測」に対するものです。その予測が正しければ比率は合ってくるし、予測が違っていれば比率自体も全然合わなくなります。ときに正しくもあり、ときに間違いにもなるのです。

極端に高い家賃、極端に低い家賃、どちらでも苦しむケースをみてきました。「誰もが知っているような一等地にどうしても出店したくて出店したものの、蓋を開けたら全然採算が合わなかった。豪華な内装を施し、しかも定期借家権で５年間は移転もできない。どうにもできない」というケースもあります。

一方、周囲に比べて極端に安い家賃で飛びついて契約し、いざ開店してみたら、「ちょうど商店街の一番外れの場所で、人流が途切れ、全然お客様が来ない」――こんなケースもよくあります。居抜きの場合に起こりがちなことです。

⑩店舗自体の価値

時代はネット中心の購買が進み、ＥＣサイトでの販売などがだんだんと幅を効かせるようになってきました。事業再構築や新規事業を考える際、ＥＣなど、ネットでの販売も同時に考えている方も多いのではないでしょうか。

では、小売りやアパレルなどのように、店舗販売が絶対ではない業種の場合、店舗を持つメリットは何か考えてみましょう。

店舗自体に視認性があるとか、目立つデザインであるとかの特徴があれば、外から見て知ってもらえるメリットもあります。それだけではありません。一番大きいのは、店舗があることそのものの価値です。信用といってもよいでしょう。だとしたら、ネットも意識しつつ、店舗そのもののイメージを大事にしたいところです。

⑪エリアのイメージ

エリアのイメージも大事です。

例えば、東京でアパレル業だったら、小さくても表参道の裏、いわゆる裏原宿、裏原といわれるエリアに店を構えていたとしたら、それだけでおしゃれですし信用があります。同様に、コンサルティング業であれば、有名ビルにオフィスを構えているだけで信用は増します。こうした信用面なども意識してみましょう。

⑫調査方法

商圏、立地、導線を考える際は、とにかく商圏内や導線をよく歩いて調査するのが基本です。まずはGoogleマップのストリートビューなどを使い、ウェブ上の物件情報などを丹念に調べ、気になった物件があったら足を使って現地周辺を入念に調査します。

そのうえで、ポイントになりそうな地点で、街ゆく人の通行量調査や通る車の交通量調査を行いましょう。

とはいえ、忙しい準備の最中に、半日、１日とこうした調査を行うのは、なかなか難しいと思います。

そんなときにおすすめなのが短時間での調査です。基本は15分単位とし、その時間で集計をします。15分での集計結果を使ってかけ算をし、営業時間などに置き換えれば、おおよその推測ができます。

もちろん、時間帯や曜日などで違いはあるため、違った時間や曜日に短時間での調査を行えばＯＫです。

素人の調査では不安、全然時間がないという場合は、商圏分析・立地分析・導線分析を得意とするプロに依頼する手もあります。大企業で店舗開発をしていたなど、経験豊富なプロに依頼すれば確実です。**不動産屋の意見に振り回されず、自分で調査分析することが大事**です。

集客・マーケティングの実行計画を考えよう

今回のビジネスでは、どのように集客をして売るつもりなのかを、「具体的に」書き出してみましょう。その際、**自分自身で、ビジネスモデルや売り方について再検証してみる**ことをおすすめします。まずは、以下のようなことを書き出してみましょう。

①集客チャンネルは何を想定しているか？

例：ホームページ、ポータルサイト、ＳＥＯ、リスティング広告、口コミ・紹介、代理店制度、手撒きチラシ、ポスティング、フリーペーパー etc.

②ターゲット客層との相性は？

その集客の施策はターゲット客層とどんな風に相性がいい？

③どのタイミングから実施する？

集客の施策はいつから実施する？　いつまで？

④その頻度は？

随時？　月に何回？　週に何回？

⑤コストは？　予算は？

そのコストは？　予算は月いくらまで？

⑥効果はいつから？

集客の効果が表れるのはいつから？

⑦誰が担当する？

ホームページは誰が作る？　チラシは誰が撒く？

⑧複数の集客チャンネルをどのように組み合わせる？

効果的な集客チャンネルの組み合わせは？　なるべく多くの集客チャンネルを維持するには？　効果が出なかったら、どの時点であきらめる？

⑨どんなイメージで？

どんなイメージを打ち出すのか？

⑩どんなキーワードを設定する？

ＳＥＯやリスティング広告で重視するキーワードは？

そのキーワードは合っている？　効果的？

⑪いままでやってきたことを洗練させることもできる？　方法は？

⑫いままでやっていなかった集客手段は？　やらなかった理由は？

⑬広告宣伝に補助金を活用してきた？

⑭集客で人脈をフル活用してきた？

⑮簡潔にいうと、どんな売り方を想定している？

例）店舗にて、ランチやディナー、宴会などの顧客需要に対し、本場の広島風お好み焼きを提供する。

⑯このようなマーケティング戦略を採る理由は？

例）比較的低価格なランチで、本場の広島風お好み焼きの認知度向上を図る。ランチでの認知度向上によりディナー、宴会につなげる。

⑰集客チャンネルは？

例）・ぐるなびや食べログなどウェブポータルサイトでの集客
・ランチでのチラシ配布　・駅前や店頭でのチラシ配布

⑱どうやってリピートしてもらう？

例）・スタンプカード　・顧客の志向に合わせた特典

第5章

フル活用したい
補助金・助成金の
基礎知識

中小企業の業績は、補助金・助成金の活用で飛躍的に伸ばすことができる

中小企業経営において、補助金や助成金をうまく活用できているかどうかは、経営者によってバラツキがあることの１つです。

うまく活用できれば、有利に経営を進めることができます。その理由はなんといっても、**融資と違い、基本的に返済不要な資金**であることです。効率的に補助金・助成金を活用できたなら非常に資金繰りも楽になります。

また、何か新しいことをするにあたって、補助金や助成金を活用すれば、**チャレンジすることに対する心理的・資金的なハードルを下げ、リスクを低減する**ことも可能です。

このことを表現するなら、補助金や助成金は、中小企業にとっての「チャレンジ資金」だといえるでしょう。ぜひとも、うまく活用できるように体制を構築して、不断の努力とチャレンジでどんどん上昇していく活気ある企業へと成長させましょう。

補助金・助成金とひとことで言っても、その種類や目的はさまざまです。同じような言葉で混同されがちですが、補助金、助成金の他にも給付金という助成制度もあります。

これらはそれぞれ特徴が異なっています。まずは頭の中で整理しておきましょう。

■ 補助金・助成金・給付金の特徴

①補助金	起業促進、地域活性化、女性・若者の活躍支援、中小企業振興、技術振興などの施策を目的として、経済産業省が行う補助金。それぞれの補助金ごとの募集要件を満たしたうえで応募し、審査を通過することが必要です。 合格率（採択率という）は補助金によって異なり、数％～90％程度まで幅があります。また、同じ補助金でも、数回に分けて募集することがあり、回により採択率に変化がみられるのが特徴です。 【過去の例】ＩＴ導入補助金、小規模事業者持続化補助金、事業承継補助金、ものづくり補助金など
②助成金	雇用維持、雇用促進、労働者の職業能力向上などの施策を目的として、主に厚生労働省が実施する助成金。経済産業省系の補助金とは異なり、助成金ごとの要件を満たしていれば、審査員の審査で落とされるという概念がないのが特徴です。基本的には「雇用」に関連する助成金であるため、新たに人を雇用する計画などがあるとき、事前にチェックしておきましょう。 【過去の例】雇用調整助成金、トライアル雇用奨励金、キャリアアップ助成金など
③給付金	緊急的に国や自治体などが給付するお金のこと。一刻でも早くお金を給付することを最優先として設計されるため、補助金や助成金と比べて、要件も提出する書類の数や内容も極力簡素化されているのが特徴です。常にあるものではなく、例えば新型コロナウイルス感染症の感染拡大期といった有事の際に、補正予算などで緊急的に実施される施策です。 【過去の例】持続化給付金、特別定額給付金

2 補助金・助成金を活用できるシーンはパターン化されている

補助金・助成金を活用できるシーンはパターン化されています。**経営上のどういうシーンで役立つのか、そのパターンを事前に頭に入れておくことが活用の近道**です。

以下、販路の変更、業態転換、新規事業、事業再構築など、新たなチャレンジをするときのリスクを減らし、コストを低減できる各種の補助金・助成金について、パターンを記載します。

恒久的ではなく、すぐに消えてなくなる可能性のある補助金・助成金は除いています。まずは、これらのパターンを頭に入れておいてください。これ以外に、毎年のように現れては消える新しい補助金や助成金もあります。そういったものは随時、プラスアルファで情報収集してください。

■ 補助金・助成金を活用できるシーンはこんなときだ！

- 新分野展開
- 事業転換
- 業種転換
- 業態転換
- 事業再編
- 中小企業
  →中堅企業への脱皮を目指す

⇒ にあたる場合 … **事業再構築補助金**

- 設備投資（製造、施術等）
- システム開発
- 革新的な製品・商品・サービス
- 事業の海外展開を目指す

⇒ にあたる場合 … **ものづくり補助金**

- ネット販売化（ＥＣ等）
- ＩＴ投資関連
- ＤＸ関連
- テレワーク化
- 非接触ビジネスモデル化

⇒ にあたる場合 … **ＩＴ導入補助金**

- 新たな販路開拓
- 新たな広告宣伝手法
- ネット販売化
- 非接触ビジネスモデル化

⇒ にあたる場合 … **小規模事業者持続化補助金**

- 創業５年未満 ⇒ にあたる場合 … **創業系の補助金**

- 商店街での新展開 ⇒ にあたる場合 … **商店街系の補助金**

- 社員の採用、教育等 ⇒ **キャリアアップ助成金**
人材開発支援助成金　など

- フランチャイズへの加盟 ⇒ **事業再構築補助金**
（加盟金に対して活用するのは不可）

- 撤退費用 ⇒ **事業再構築補助金**など

- 事業譲り受け・M&A ⇒ **事業承継・引継ぎ補助金**　など

- すべての営業活動 ⇒ **すべての補助金・助成金を営業フックにする方法**
（お客様側で補助金・助成金を受給していただき、自社のビジネスにつなげる方法）

コラム

「新しい生活様式」に対応する

新型コロナウイルス感染症が発生してからというもの、「新しい生活様式」への対応を目指したアイデア、新規事業、収入の複線化、多角化などの相談が激増しています。そして、前述のようにこれらに活用できる補助金も多数出てきました。

- オンライン○○
- ○○のＥＣ販売化
- おうちで○○
- 在宅ワーク向け○○
- お取り寄せ○○
- ○○宅配サービス
- 地域での商売→全国対応、全世界対応

このあたりが、あらゆる業種での「新規事業（収入複線化、多角化）」「業態転換」の主戦場になると思います。

一度、自分のビジネスやお持ちのノウハウ、リソースに絡めて、あれこれ考えてみることをおすすめします。

いずれにしても、

- 販促広告、ＰＲ
- 試作品作成
- 機材購入
- システム開発
- 人材強化（雇用・教育）
- 新規事業の立ち上げそのもの（家賃、人件費、広告費など）

などで、国や自治体の補助金・助成金（50万～1億円）を活かせる可能性があります。不況だからと縮こまっているのではなく、チャレンジする際のリスクをなるべく減らしながら、変革期に挑んでいきたいですね。

3 補助金・助成金を活用するときに絶対に知っておきたいこと

補助金や助成金を上手に活用したいとき、絶対に知っておきたい注意点があります。必ず押さえておきましょう。

・完全後払い

補助金・助成金は基本的には完全後払い制です。つまり、国や自治体が「はい！　このお金を使ってくださいね！」といって最初にお金を渡してくれるのではないとお考えください。

そのため、**手持ちキャッシュや銀行融資など、「財務」との関わりが非常に重要**となります。補助金・助成金を活用するときには、会社全体の財務の話と切っても切り離せないことを認識してください。

・情報収集が大切

情報収集を怠らないこと。補助金や助成金の存在を知り、適切なタイミングで適切な手続きをしなければ、受給できないからです。関係省庁のホームページをこまめにチェックしたり、補助金・助成金に詳しい専門家に相談したりするなど、まめな行動を心がけましょう。

・準備を怠らない

さらには、迅速に行動することです。補助金や助成金は国が予算の枠内で募集するものです。機を逃さないようにすばやく準備をして、いつでも申し込める状態にしておきましょう。

・ムリに受給しない

最後に非常に重要なことを述べます。ムリに受給しようとして経営をゆがめてしまえば「本末転倒になる」という事実です。補助金・助成金がないものとして経営判断をし、**たまたま要件に当てはまっているなら有効活用する**——。そのくらいの感覚を持ちたいものです。

他にも補助金・助成金の活用時に共通する注意点があります。表にまとめました。基本中の基本なので、必ず目を通しておいてください。

■知っておきたい注意点いろいろ

	解　説	例
知らなければ受給できない	補助金や助成金は存在を知らなければ受給できない。常にインターネットなどで最新情報をチェックしておく	すべての補助金・助成金
事前に手続きが必要な場合がある	先に申請しておくことが要件になっているケースも多い。行動を起こす前に補助金や助成金について確認しておく	雇用に関する助成金は、雇用前に手続きが必要なものが多い
申請の受付期間が短い場合がある	補助金や助成金によっては、受付や公示の期間が短い場合がある。見逃さないよう、こまめに役所のウェブサイトなどで確認する	豊島区の公庫融資への利子補給制度など。申請期間は年に1度の25日間程度。
年度予算がなくなったら終了	国会で決められた年度予算が終了すれば、補助金や助成金もそこで終了。補助金や助成金の存在を知ったら、早めに申請する	すべての補助金・助成金
翌年度は廃止や縮小の場合がある	年度が変わるとともに廃止されたり規模が縮小されたりするケースも多々ある。年度末をまたいで何かを計画する場合は要注意	すべての補助金・助成金
補正予算で出てくる補助金もある	毎年4月から始まる各年度の本予算の他に、景気対策などを目的として補正予算が組まれる。そのなかの補助金も要チェック	すべての補助金・助成金
年度や募集回によって要件は変わっていく	補助金・助成金は年度が変わると募集の要件そのものが変わっていく。同じ年度内でも募集時期や募集回によって変化する。必ず最新情報を仕入れること	すべての補助金・助成金
特別な枠が設定されることがある	新型コロナウイルス感染症など、突発的な出来事があった場合、補助金や助成金の運用上、特別な枠や優遇制度が設けられることがある。意識してチェックする	すべての補助金・助成金
制度がない自治体もある	自治体により補助金や助成金の有無に差がある。事業を行う場所を決める際、事前に調べておくとよい	自治体独自のホームページ作成費に関する各種補助金、店舗家賃に関する各種補助金など

税務会計が重要になる場合がある	補助金によっては、前年対比の売上減や数か月の平均売上減などが要件になっている場合もある。補助金申請を考えるのであれば、社内の経理や税理士と連携し、早めに経理処理をする	補助金によって関係する
資本金や従業員人数は重要	補助金や助成金によっては、資本金や従業員数によって、申請できるか否かや、申請上限額や助成率が違ってくる可能性がある。申請を考えているとき、経営計画全体に影響する場合がある	補助金・助成金による
受給要件から外れる行動をしない	受給要件を把握する。例えば厚生労働省系の助成金では、直近で解雇をしていると受給できないことがある	すべての補助金・助成金
受給にこだわりすぎない	補助金や助成金を受給したいがために、経営をゆがめるようでは本末転倒。結果的に過剰な人員や設備を抱えるなど不具合が生じる	すべての補助金・助成金
資金調達の手段としてあてにしない	補助金や助成金は後払いが基本※。もらえるのは数か月から数年も先。初期投資にあてる資金調達手段にはならない。融資と組み合わせを。 ※一部先払いが可能な補助金もある	すべての補助金・助成金
事前に専門家に相談してみる	１人で収集できる情報には限界がある。補助金や助成金の情報を得たら、一度その道のプロに相談しておくと安心	すべての補助金・助成金
認定支援機関などの支援が必須の場合がある	経済産業省の補助金の場合、補助金によっては、認定支援機関の支援が必須の場合がある。かかりつけ医のように、事前に相談できる認定支援機関をみつけておく	補助金による
チャレンジのリスクを減らす	販促広告や新規事業、システム導入など、経営上勝負をかけるとき、補助金をうまく利用すれば、リスクを低減できる	すべての補助金・助成金
営業フックとして活かせる	お客様に補助金を受給してもらい、対象経費として自社の商品・サービスを買ってもらうという発想もできる	小規模事業者持続化補助金、ものづくり補助金、ＩＴ導入補助金等

4 厚生労働省系の助成金活用、受給は社会保険労務士がカギ

厚生労働省系の助成金の申請のコツは、以下の３つです。

①日頃から法律などルールに従った労務の運用がなされていること
②申請する助成金の要件に当てはまっている状態であること
③書類に不備がないこと

経済産業省の補助金とは違い、事業内容の審査という視点ではなく、**法律上の不備がないかどうかが焦点**となります。

厚生労働省系の助成金については、社会保険労務士が専門であり、助成金の申請代行は社会保険労務士の独占業務となっています。

ただし、社会保険労務士であれば、誰でも助成金の申請代行を行っているというわけではありません。顧問社労士がいる場合は、まずは顧問社労士に相談してみましょう。

顧問社労士が対応できない場合は、スポットで他の社労士に依頼するか、この際、顧問社労士をチェンジするというのも１つの手です。

前述の経済産業省系の補助金を扱える認定支援機関で、かつ、厚生労働省系の助成金を扱える社労士が複合的に組み合わさっている事務所というのが最強の組み合わせです。

さらに自治体独自の補助金や公庫や民間の融資全般にも精通しているのが理想だといえるでしょう。

経済産業省系の主要な補助金については、巻末付録「必ず押さえておきたい代表的な補助金の基本」で詳しく紹介しています。

 より多くの補助金・助成金を受給するためにテクニックを知っておこう

中小企業が経営を進めていくにあたり、国や自治体の支援をうまく活用するのはライバルに差をつけるために有効な手段です。

特に、補助金や助成金、融資など、手元キャッシュや投下資金を増やせる効果が高い施策をうまく利用し、時代の波に乗るのが必勝セオリーともいえます。1つでも多くの支援策を活用したいところです。

そこで知っておきたいのが、**対象経費がカブる複数の補助金・助成金は受給できない**「併給調整」の考え方です。

例えば、ある時期の社員Aさんの給料を○○補助金の対象経費として補助金を受給しようと考えたとします。ところが、同じ時期に▲▲助成金でもAさんの給料を対象とした助成金を受給していたことがわかりました。この場合、制度上、○○補助金と▲▲助成金の対象は同じ経費のため、「併給調整」の対象として認められないわけです。

この場合は、Aさんの給料を、どちらの対象経費として受給するのが有利か、事前に見極める必要があります。場合によっては○○補助金ではAさんの給料を対象経費にせず、広告費を対象経費にすれば受給できる可能性もあります。

つまり、そうした判断をすることにより、○○補助金と▲▲助成金、どちらも満額受給できる可能性が出てくるわけです。

また、補助金や助成金によっては、1社で何度も受給できる可能性もあります。例えば、2019年と2021年など、同じ会社が同じ補助金で複数回採択される可能性もあるのです。

ただ、こうした判断をするには、経済産業省系の補助金、厚生労働省系の助成金、自治体の補助金など“串刺しした情報”を持ち、全体を俯瞰した幅広い知識が必要です。

コラム

守りの意識を50%以上持つ

攻めと守りの感覚を何割ずつ持つかは経営者によって違います。
9対1で攻めばかりの人もいれば、1対9で慎重すぎて現状維持、悪ければジリ貧の人もいます。
いろいろな経営者をみてきましたが、少なくとも守りの感覚を50%以上は持っておくべきだと感じます。

よく「社運を賭ける」という言い方をしますが、あれは体力のある大企業だからこそ大失敗でも持ちこたえられるわけであって、体力のない中小企業の場合、大失敗は許されません。
大勝ちしなくてもいいから「負けないこと」を意識しましょう。ちょっとずつの勝ちでも繁栄は続きます。大負けすれば、一瞬ですべてを失うかもしれないのです。
経営者として、その行動が割に合うリスクテイクなのか、天秤にかけることが必須です。特に知らないジャンルの仕事に手を出すとか、知らない人と一緒に事業をするなどは要注意です。くれぐれも慎重に行動しましょう。

法律にも慎重になる必要があります。ビジネスをするときはなるべく契約書を交わし、条件等を明確に決めておきましょう。言いにくい場合があるかもしれませんが、お互いを守るためです。

また、法を犯すような行動をしないことも基本中の基本です。
例えば、数十万円の補助金をもらいたいがために虚偽の申請をする、架空の経費を計上して脱税をする、人件費を払いたくないがために残業代を未払いにするなどです。そのようなことをすれば必ず世間からの信用を失い、商売ができなくなってしまう可能性があります。かえって大きなリスクを冒していることに気づくべきなのです。

経営をしていること自体がリスクテイクですが、慎重に行動すれば、リスクを減らすことは可能なのです。

第6章

事業計画書を書いて新ビジネスを具体的に検討しよう

1 事業計画書は必ず書く。その理由は？

事業再構築について、頭の中である程度の構想がまとまってきたら、事業計画書を書き始めましょう。

事業計画書を書く目的には以下のようなものがあります。

①税理士などの専門家や投資家など協力者に説明するため

事業再構築の構想について**顧問税理士**に説明し、税務や会計、資金繰りなどの相談をする際に必要になるでしょう。さらに許認可、労務、助成金などについて、他の専門家に相談するときにも必要になる可能性があります。

②家主などへの説明や審査のため

現状で賃貸している物件や、新たに借りようとしている**物件の家主**に説明するためにも、事業計画書は必要になる可能性があります。

特に、新たに物件を借りる際には、現状でどんなビジネスを展開していて、新たにどんなビジネスを行うのか、財務的に安定した状態にあるのかなど、審査するうえで説明が必要なシーンがあるでしょう。

③金融機関から融資を引き出すため

事業再構築に関する資金調達で最もメジャーなのが、**金融機関**からの融資です。決算書など過去のデータだけでの審査ではなく、新たにどんな事業を行うのか、この先の経営や資金の計画について事業計画書を提出し、その内容を中心に審査が行われます。投資家やベンチャーキャピタルなどから出資を受ける際も同様です。将来の構想やお金の面について、事業計画書で詳細に説明することが求められます。

④補助金の申請をするため

国や自治体の補助金を申請するには、事業計画書の提出を求められることがほとんどです。補助金によっては認定支援機関と一緒に事業計画書を練ることが求められます。仮にそうしたケースだとしても、元ネタとなる素材（自社の強みや実績、着手したい事業構想をまとめた資料など）は会社で用意する必要があります。

⑤自社での確認のため

事業計画書は外部の人に説明するためだけのものではありません。経営者自身の事業構想について各項目をまとめ、**社内**において確認する資料としても使えます。将来の事業の規模や成長スピードを方向づけるツールともいえるでしょう。

事業計画書があれば、経営するなかでの事業戦略の修正や、**社員**が増えたときの目標管理がしやすくなります。当初立てた計画とどう違ってきたのか、その道しるべとしても活用できるのです。

コラム

資金調達不要の事業も事業計画書を用意すべき？

それほどコストのかからないビジネスを展開する場合や、まとまった自己資金があり資金調達を考えていない場合、事業計画書は必ずしも書く必要はありません。

ただし、事業計画書を何度も書き直して構想を練るうちに、事業計画が明確になるといった副次効果は、かなり大きいものがあります。

例えば、「ターゲット層について明確に考えていなかったなぁ」「競合調査、競合分析が甘かったなぁ」「いまの計画のままだと10か月目で資金が底を突く可能性があるかもなぁ」など、準備の不足やリスクの可能性などに気づくこともあります。

また、事業計画書を書いていくうちにいろいろと調査をし、頭の中で描いていた計画とは方向性が修正されていく可能性もあります。

忙しいなかではありますが、できれば、時間を確保し、構想を練りながら書いてみましょう。事業を起動に乗せやすくなるはずです。

2 事業計画書の作成、実は「フォーマット」がキモ

事業計画書には、特に決まったフォーマットは存在しません。各種ウェブサイトにあるテンプレートを参考にして自分で作成したり、弊社のような税理士法人が無償提供しているフォーマットをダウンロードして使用すれば十分でしょう。

ただし、フォーマット選びでは注意点が1つあります。**3年、5年などの中長期で年ごとの予想数値を記載していく形式ではなく、特に初年度は月ごとに数字を入れていく形式を使う**ようにしてください。

というのも、事業再構築をする場合、最初の1年間の毎月の売上げや経費、利益の予想、資金計画に無理がないかどうかが非常に重要な経営要素となるからです。最初の1年間を無事に過ごし、軌道に乗せられるかどうかを表現する必要があります。事業再構築向けともいえる、こうしたフォーマットを使用することをおすすめします。

なお、作成目的が融資や補助金の申請の場合は、定められたフォーマットでの提出が義務づけられていることもあります。ご注意ください。

コラム

手書きの事業計画書はアリか？

どうしてもＰＣ作業が苦手な人は、手書きの事業計画書でもかまいません。とはいえ、第三者に提出する重要な書類です。よりキレイに仕上げるためにもPowerPointやExcelなどの活用が望ましいでしょう。

何より事業計画書作成は書き直しがつきもの。特に資金計画は試行錯誤しながら何度も集計し直す作業が発生します。計算式が入った書式を使うほうが効率的です。

補助金申請なども、データを書類で伝える場合、写真やグラフ、表などを駆使し、ビジュアル重視の仕上がりにする必要があるでしょう。

3 具体的な数字をどこまで記載するのか？

「事業計画書に具体的な数字をどこまで記載すべきか？」で戸惑う方も多いようですが、**全体を通して大切なのは「具体性と一貫性」**です。

具体性とは、例えば「単に飲食店をやりたい」と書くのと、「本場イタリアのピッツェリアと都内の老舗有名イタリアンで合わせて10年間修行した経験を活かし、本場ナポリのピザ窯で焼くナポリピッツアを提供するカジュアルなイタリア料理店を出店したい」と、実務経験年数をアピールしたうえで書くのとでは、大違いだということです。より具体的で説得力があります。

一貫性とは、マーケティング戦略や人員計画、初期投資計画などがすべてリンクしていること。つまり、それらの計画と予測損益計算書、資金計画は数字的にも関連性があるのです。

例えば、「開発途中の製品なのに多額の売上げを見込んでいる」「プロモーション計画上、知名度が上がっていない時点で爆発的に売れる前提になっている」など、根拠に乏しい計画に説得力はありません。数字の裏づけが重要です。過去の職務経験上の数字かどうかも左右します。

いずれにしてもバラ色の計画では説得力を欠き、堅すぎて慎重な計画でも、相手に不安を与えます。読んだ人が納得する、「バランスのとれた事業計画書」に仕上げましょう。

「補助金で採択される事業計画書」にみられる傾向

補助金の事業計画書で一番重要なのは、その補助金を出すことに際して決定した国や自治体の政策テーマとの**整合性**、**新規性**や**独自性**、事業の**実現可能性**、**継続可能性**があることなどです。

①テーマとの整合性	国や自治体が推し進めようとしている事業分野や政策テーマに合っていれば有利 例）地域活性化、女性の活躍促進、中小企業の経営改革など
②新規性	ターゲット層や販売法、サービス内容など、何らかの新規性があるか 例）その会社がやってこなかった販売方法、そのエリアでは行われていない技法など
③独自性	誰かのマネごとではなく、独自の事業か 例）他にはない特色、聞いたことがない工夫を凝らした商品など
④実現可能性、継続可能性	そもそも事業を実現できるのか、売上げ、利益を継続的に上げ、持続していける事業か、自己資金と借入れにより、財務基盤がしっかりとしているかなど 例）やっていけるだけの売上げを出す見込みはあるか、身の丈に合った事業規模か、金融機関からの借入れの可能性はあるかなど

これらを盛り込んだ事業計画書を自ら計画・作成するのは難しければ、認定支援機関に相談することをおすすめします。

その他、自治体独自の補助金もあります。認定支援機関はあくまで国の補助金などの施策に関する支援機関ですが、自治体独自の補助金にも精通しているところを選ぶことにより、さらに視野の広いアドバイスを期待できます。

事業再構築補助金に採択された事業計画書はコレだ！

弊社のサポートにより、実際に事業再構築補助金に採択された事業計画書を２つ公開します。ただし、他の事業者と同一または酷似した内容の事業を申請した場合、不採択または交付取消しとなる可能性があるため、ご注意ください。**あくまで参考としてご覧ください。**

【ケース１】ワインバー

１：補助事業の具体的取組内容

【当社の概要】

代表の●●は大学卒業後、レストランやホテルでサービスの仕事をしながらワインスクールに通い、ワインテイスティングの技術を身につけた。1990年代後半にはフランス、オーストラリアの本場ワイナリーを巡り先端的なワイン造りに触れ、イギリスで語学とワインについて学んだ。帰国後、ミシュラン１つ星を獲得したフレンチレストランで勤務した後、インポーターとしてワインの買付業務や輸入仲介業務を行う。ホスピタリティと業務の基本を学ぶかたわら、自分の理想の店はどのようなものか模索し始める。

2003年、上質なワインを多くの人々に届けたいとの思いで、ワインバーを開店する。今日の高度に発達したワインの栽培・醸造技術や味覚生理学などを一般のワインファンにわかりやすく伝えることを目指し、ワインコミュニケーター、ワイン講師としても活動している。

店内の写真（本書では非公開）

【新型コロナウイルス感染症拡大による事業への影響】

新型コロナウイルス感染症拡大により、2020年２月頃から来店客の減少が顕著になった。３月27日からは休業を余儀なくされ、３月は大幅な売上減少（前年同期比マイナス60％）となった。

2020年４月はまったく売上げが立たず、資金繰りが悪化したため、日本政策金融公庫から低利・無担保融資を受けて当座の資金を確保した。

しかし激変する人々の消費スタイルの変化に合わせて大きく事業を転換せねば

ならず、新たな投資が必要である。

【強み・弱み、機会・脅威】

①強み

1）レストランやホテルで学んだ接客技術とホスピタリティの心、ワインスクールで学んだテイスティング技術、フランス、オーストラリアの先端的ワイン造りから得た知識、イギリスで学んだ語学力など業界歴20年以上にわたる代表の経験。

2）乗客数全国●●位の●●駅から徒歩４分の位置にあり、通勤、居住者と人の流れが多い。

3）コラヴァンによるワイン保存システムを導入した店として知名度がある。

4）20●●年に日本ソムリエ協会認定ソムリエを取得するなど、複数の専門資格を保有している。

5）ワインの酸化劣化を防止して約100種類のワインすべてをグラスワインで提供している。

通常、ワインは一度コルクを抜栓するとワインの酸化が進み、２～３日で酸化劣化するのでグラスワインの提供数は限られてしまう。当店ではコラヴァンというアメリカ製のワイン保存システムを導入し、さまざまな種類のワインを少量のグラスワインでリーズナブルに愉しむ事を可能としている。

6）フードメニューに取り入れている『●●』は、ワインにこだわりを持つ代表が厳選した高級食材であり、根強いファンを獲得している。

②弱み

1）収益の柱が一本しかない。店舗売上げが不振になると対応できなくなってしまう。

2）売上げは客単価×客数（席数×回転率）となり、コロナ禍において客数アップは難しいため、客単価をあげる仕組みづくりが必要となる。

3）運営ノウハウ・ワイン知識など代表の暗黙知が形式知化されておらず、スタッフによってサービス品質にばらつきがある。

4）駅近の立地のため固定費である人件費・家賃が高く、損益分岐点比率は高くなる傾向にある。

③機会

新型コロナの感染リスクを回避するために進められているテレワーク・リモートワークの推進、巣ごもり需要増加による宅配・ネット販売市場の拡大、ワイン市場の伸長。

④脅威

コロナ禍による影響で生活スタイルの変化、酒類販売の減少、気候変動による農作物の不作・高騰、カントリーリスクによる不安定な輸入、為替の変動。

【事業環境】

当店は１日の乗降客数全国●●位の●●駅から徒歩４分に立地している。主要顧客は、●●駅に通勤で通っている常連客が多い。

ワイン保存システムをもとにフランス産高級ワインを含む世界中のワイン約100種類をグラスワインで提供している。座席は１階カウンター10席、２階テーブル席６卓で、20名のパーティーにも対応している。従業員は２名で日本ソムリエ協会認定ソムリエの称号を有している。

売上構成比はワインとフードで７：３の比率となっており、ワインを中心とした構成となっている。

【事業再構築の必要性】

従来は店舗への集客によって売上げを上げるビジネスモデルであった。これは猛暑、台風、コロナなどの外部環境の影響を受けやすい傾向がある。今回のパンデミックにより、従来のモデルでは経営が立ち行かなくなることが証明された。そこで、今後は店舗－オンラインショップ－ワイン販売コンサルと３事業に分散することで経営リスクを回避し、経営の安定化を図っていくことが必要となる。

【事業再構築の具体的内容(提供する製品・サービス、導入する設備、工事等)】

従来のビジネスモデル（受け身スタイル）

⇒店舗への集客によって売上げを上げる

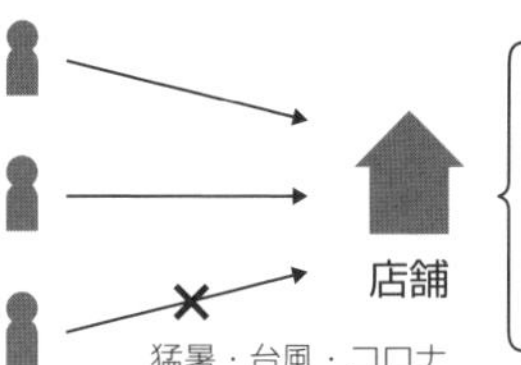

独自に開発したワイン保存システムをもとに高級ワインをグラスで愉しめる店として営業

・1Fカウンター 10席、2Fテーブル5卓
・100種類のグラスワイン販売
・高級ワイン飲み比べセット販売

売上げは店舗の席数と回転数に依存するため、気候や感染症によるリスクを被りやすい

１）店舗の縮小

２フロアだった店舗を１階のみに縮小し、２階を宅配事業のためのスペース（商品保管、事務処理スペース）へと改修する。また、従来の「ワインと食事」のスタイルから食事の提供を廃止し、「宅配事業で販売するワインを実店舗で体験できる空間」へと変更する。店舗では感染防止対策を徹底し、酸化防止技術を用い

て、100種類のワインを少量から体験できるテイスティングセットを提供することで、宅配事業とのシナジー効果を生み出す。

項　目	改装前	改装後
ハード面	1階 カウンター10席 2階 テーブル席5卓	1階 カウンター6席 2階 宅配事業のスペース
ソフト面	ワイン、食事の提供	宅配事業で販売するワインの提供

2）高級ワインの宅配事業

宅配事業では、100種類の高級ワインを「50mlパック」「250mlパック」のパウチパックに詰めて販売する。前者はブドウの品種ごとの味わいや熟成年数の違いによる味わいの違いを自宅で学べるテイスティングキットで、後者は自宅でグラス単位で高級ワインを少量から愉しめるキットである。

①工事

外装工事として、ファサード（外観デザイン）の刷新を行うことにより、いままでのイメージを一新する。内装工事として、カウンターテーブルをワインテイスティングに最適化した仕様に変更する。席数を10席から6席に減らし、1人が利用できるカウンタースペースを広くとることで複数のグラスを並べられるようにする。また、カウンターの色を白くすることで、照明とともにワインの色味を見やすくする。2階は宅配事業のスペースへと改装する。

②店名の変更

ワインバー（飲み食いする場所）から、ワインに関する情報発信サービスへと転換を図るため、店名を「ワインバー●●」→「●●●●●●●●●」へと変更する。

③設備

パウチパックを活用し、下記の要領で商品を生成する。

1．パウチパックにシールを貼る。
↓
2．液体小型充填機にワインを充填する。
↓
3．パウチパックに充填する。
↓
4．パウチパックにアルゴンガスを充填する。
↓
5．キャップを閉じる。
↓
6．専用パッケージに詰める。

<ワイン保存システム>

<パッケージ>
これまで実験的に行ってきたガラス瓶からアルミ製パウチパックへと変更

ガラス瓶の難点
・コストが高い
・割れやすい

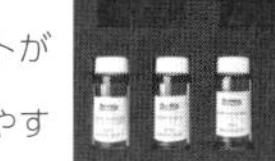

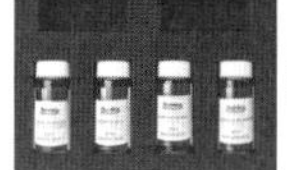

パウチパックの利点
・コストが安い
・耐久性がある
・風味の保存性が高い

④商品

高級ワインを中心とした100種類のグラスワイン、高級ワイン飲み比べセットを販売し、高単価の営業を目指す。

⑤サービス

座席は１階カウンター６席に縮小することにより、好み、雰囲気、そのときの気分、会話、季節など顧客の人生にワインとともに寄り添うきめ細かやかなサービスを提供していく。ＳＮＳ、情報発信、コンサルティングなどアフターフォローを付け加えることにより、顧客１人ひとりに応じた高付加価値なサービスを提供していく。

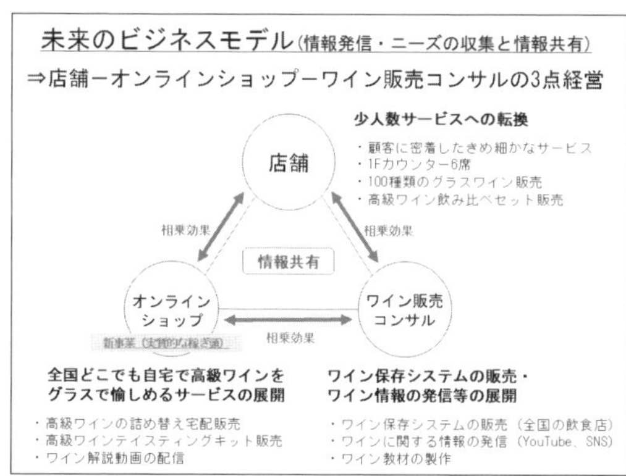

【必要な設備、投資内容】

- 店舗改修工事　1,000,000円
  外装工事　外観デザインの刷新
  内装工事　カウンターテーブルをワインテイスティングに最適化した仕様に変更
- パッケージ費、ロゴデザイン費　500,000円
- 設備費　パウチパック充填機の導入　100,000円
- ＳＮＳ広告費　300,000円
- Ａ３カラーレーザープリンター　150,000円
- テイスティング用ワイングラス　100,000円

【実施体制】

代表が中心となり、既存事業および新事業を推進していく。これにより、店舗、オンラインショップ、ワイン販売コンサルから得られた情報を、商品開発やサービス改善へと機動的に活かすことができる。

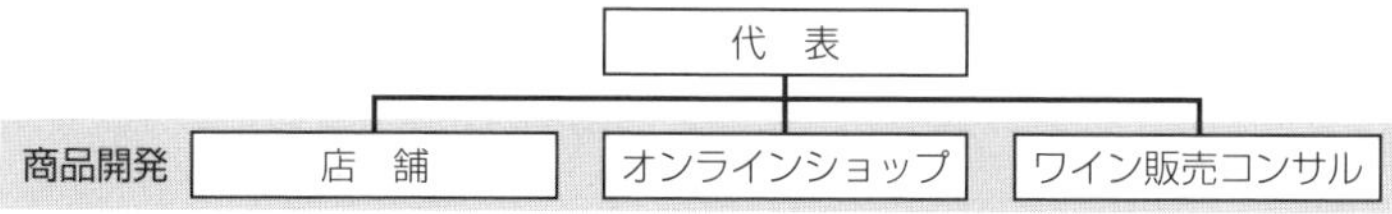

【「業種転換」で必要となる要件】

要　件	内　容
①製品等の新規性要件	
過去に製造等した実績がないこと	従来の高級ワイン市場は750ml入りボトルを１単位とし、抜栓後グラスに移し替え顧客に提供することで成り立っていた。抜栓後のワインは酸化劣化が進むため、店側は顧客にボトル単位で売り切るか、グラス単位で数日中に売り切らなくてはならなかった。しかし、「高級ワイン小容量詰め替え宅配事業」では、小容量のパウチパック（50ml、250ml）に小分け包装し、酸化防止処理を施すことで、顧客が従来飲食店でしか享受できなかった高級ワインのグラス売りサービスを享受できる。当社はこれまでにこのような商品を製造等した実績はない。
製造等に用いる主要な設備を変更すること	既存設備はワインを抜栓し、グラスに移し替えて提供するためのものである。新規事業においては小分け包装するパウチパックに酸化防止処理を施すために主要な設備（パウチパック充填機）を導入する必要がある。
定量的に性能または効能が異なること（製品等の性能や効能が定量的に計測できる場合に限る。）	ワインの賞味期限は抜栓後２～３日であるのに対して、酸化防止処理を施したパウチパックワインの賞味期限は２か月ほどである。コロナ禍が始まった2020年４月からワインの小分け包装による酸化防止実験を繰り返し行ってきた結果、不活性ガスの注入・ガスバリア性能の高いパッケージ素材の選定等により上記の賞味期限を実現している。
②市場の新規性要件	
既存製品等と新製品等の代替性が低いこと	既存製品は店舗に来店される顧客への対面型サービスである一方、新製品は自宅で高級ワインを愉しみたい顧客向けの宅配サービスであるため、新製品の販売により既存製品の販売が減少することはない。従来は750mlボトル１本を消費しなければならず、「ちょっとずついろいろ愉しみたい」という欲求に応えることができなかったが、個別包装によりグラス単位で楽しめるようになるため、コロナ禍で外出自粛を続ける新たな顧客を取り込むことができる。
③売上高構成比要件	
新たな製品等の属する業種が売上高構成比の最も高い業種となること	４：収益計画のとおり、新たな製品等の属する業種が売上高構成比の最も高い業種となるため、当要件を満たす。

【本事業による既存事業との関連性】

ホテルで学んだ接客技術とホスピタリティの心、テイスティング技術、先端的ワイン造りから得た知識、イギリスで学んだ語学力、業界歴20年以上にわたる代表の経験、仕入ノウハウおよびワイン蔵との信頼関係、コラヴァンを導入したワインバーとしての知名度、実店舗でテストマーケティングを通じて得られた顧客ニーズ、などの強みを活かすことが可能である。

【本事業による他社との差別化要因】

高級ワインを小分け包装で宅配するサービスは、当社が調査したところ１件しか競合サービスがなく、他にはワインスクールが授業の教材ワインをガラス瓶に詰めて配送するものが数件ある程度である。競合他社の少なさはワインの酸化劣化のしやすさが原因と考えられる。ワイン保存システムとパウチパックの活用により酸化劣化を防ぎ、従来とは違った形で提供することに成功している。既存製品等と新製品等の代替性が非常に低く競争力が高いといえる。加えて代表のソムリエとしての知名度、技術、経験が加わり選定されたワインを提供できることが大きな差別化要因となっている。

【当社がこの事業を行う意義】

ワインは酸化劣化しやすいため、従来の750mlボトルでは「ちょっとずついろいろ愉しみたい」という欲求に応える事ができなかったが、個別包装を行うことで「グラス単位で高級ワインを愉しめる」という価値を創出している。

１：地域の事業者に対する経済的波及効果

新規事業による雇用の拡大、機材購入や設備投資、ワインメーカーとの取引拡大により経済的波及効果が考えられる。

２：将来の展望（事業化に向けて想定している市場および期待される効果）

【市場規模】

①ワイン市場動向

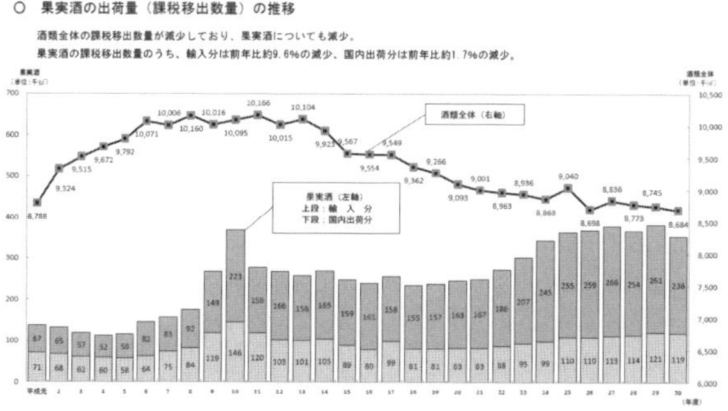

出典：令和２年２月国税庁課税部酒税課「国内製造ワインの概況（平成30年度調査分）」

2008年～2018年の10年間について、酒類全体でみると緩やかながら下降傾向にあり、出荷量は約95％となっている。一方、ワイン市場は国内出荷分は約143％、輸入分は約145％に伸長している。酒類全体の下降傾向に対して、酒類全体に占めるワインの比率は2.7％から４％へと上昇しており、ワイン自体を飲む人が増えている傾向がわかる。

②国内食品通販市場の動向

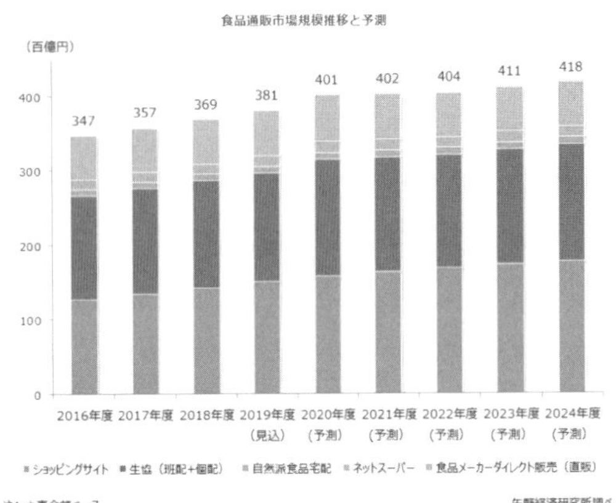

出典：矢野経済研究所「2020年版 食品の通信販売市場～コロナショックとサブスク拡大で見直される食品ＥＣ～」

国内食品通販市場の動向としては、年々増加傾向にあり、飲料水や米、酒類、健康食品など常備性・習慣性が高い、あるいは商品重量があるカテゴリにおいて、潜在的ニーズが高い傾向にある。

新型コロナウイルス感染症拡大に伴い日常使いの食料品に対する需要増加だけではなく、お取り寄せグルメ・スイーツに対する需要も増加した。外食や旅行に行けないため、“食”は自宅でできる唯一の楽しみとなり、高価格帯食品を通販で取り寄せて、自宅で普段より高級な食事を愉しむという需要も増え、食品通販に対する需要は引き続き高いとみられる。コロナ禍をきっかけに、食品通販サービスを使用した人が、利便性の高さや提供される商品・サービスの品質の高さを実感して、一部定着する可能性は高い。一度利便性を実感したユーザーは、自身の事情やライフスタイルに適した購買リズム・購買量を探りながら、withコロナ時代のなかで一定数が定着していくとみられる。2021年度以降の国内食品通販市場は、業態によって伸長・縮小の差はありながら、緩やかな成長が続くと予想される。

【標的顧客と提供商品、価格】

《標的顧客》

店舗で愉しみたい顧客と自宅で愉しみたい顧客の違いの他に、顧客の居住地域の違いが挙げられる。

既存商品の顧客層は●●駅周辺もしくは近郊の居住者がそのほとんどであるのに対して新商品の顧客層は日本全国に及ぶ。我々は新商品の本格展開のために「通信販売酒類小売業免許」を取得しており、既存商品とは異なる顧客へと販路の開拓を図る。

①テイスティングキット（50ml）

- ワインは好きだが難しいと感じている初心者層
- ワインをかなり飲んでいるが、さらにプロのテイスティングスキルを学びたいアマチュア層
- 飲食店で働いているテイスティング経験の浅い若手ソムリエ志望者層
- 近所にワインバーやワインスクールのない地方在住者

②グラスワインセット（250ml）

- コロナ禍で家飲みが増えた富裕層
- 都市部のみならず地方部や高齢者層も含む富裕層

③代表プレミアムセレクション〜サブスクリプションプラン（50mlまたは250ml）

- ワイン好きで旬のワインを常に飲みたい富裕層
- お酒大好きだけどワインは初心者、これから極めてみたいと思っている富裕層

《提供商品》

①テイスティングキット（50ml）

自宅で気軽にワインの味わいを学べるテイスティングセット
（飲むよりも学ぶためのセット）

【学べる内容】

- ブドウ品種ごとの味わいの違い
- ワインの熟成年数による味わいの違い（例　造り手のワインの2015年、2005年、1995年、1985年産のワインを飲み比べる）
- ワインの畑による味わいの違い…etc.

50ml入りパウチパック４パックで販売

②グラスワインセット（250ml）

自宅で高級ワインをボトルではなく、グラス単位で愉しめるセット
（学ぶよりも飲んで愉しむためのセット）

自宅で高級ワインを飲むにはボトル１本を開ける必要があり、少しずついろいろ愉しみたい方々の需要を満たすサービス

【内容】

- おまかせバラエティーセット（白２種、ロゼ１種、赤３種）

●ブルゴーニュワインセット（ブルゴーニュ赤・白　銘醸畑のワインを６種類セット）

③代表プレミアムセレクション～サブスクリプションプラン（50mlまたは250ml）
●品種、見た目、香りなど季節ごとに一番おすすめできるワインのセレクションプラン
●春夏秋冬ごとの野菜、魚、肉など、例えば秋なら松茸、冬なら寒ブリなどとその季節の旬の食べ物に合うワインのセレクションプラン

《価格》
①テイスティングキット　￥5,000～￥50,000
②グラスワインセット　￥7,000～￥50,000
③代表プレミアムセレクション～サブスクリプションプラン
　￥10,000～￥50,000

【事業化へ向けての課題と解決策】
〈課題、解決策①〉外部へのプロモーション
オンラインショップの購入者を獲得していくため、以下の施策を実施する。
１）ウェブサイトの改修
ウェブサイトで店名の変更を告知し、ワインの素晴らしさ、健康効果、メリット等を掲載し、問い合わせや申し込みを獲得する。
２）ＳＮＳ、ウェブ広告の実施
ＳＮＳ（Facebook、Twitter、Instagram等）でサービス告知を行う。また、ウェブ広告（リスティング広告、ディスプレイ広告、リターゲティング広告）を併用し、当社の主要顧客層である30～40代を中心としたウェブプロモーションを積極的に行っていく。
３）サービス紹介動画の作成
新サービスの導入、新商品の入荷に関する告知、効果やその他サービス内容について、わかりやすく概要を把握できる動画を制作し、YouTubeやウェブサイトに掲載する。ワイン初心者～上級者まで、段階に合ったワインの愉しみ方を伝える。

〈課題、解決策②〉ホスピタリティ・ワイン知識の標準化
店舗において、ワインの味、効果、色味、おいしい注ぎ方、保存上の注意事項など、代表の不在時でもスタッフが同程度のサービスを提供できる必要がある。ワインメーカーの試飲勉強会や社内マニュアルを作成・活用しながら、基本的な知識の習得を図るとともに、顧客への説明方法を標準化し、各スタッフへ指導を行っていく。代表の経験・バックグラウンド、そして失敗を重ねて磨き上げてきた知見・ノウハウも形式知化していく。

〈課題、解決策③〉顧客ニーズの把握と収益の安定化

コロナ禍で顧客の行動様式やニーズは変化しており、ニーズに合った新たな商品を提供し続けることが必要となる。店舗で顧客からの意見を聞き、オンラインショップの口コミ等を活用することで、常に新しい顧客ニーズを把握し、これに合った新商品や独自の企画を展開していくことで、収益の安定化を図っていく。

【事業化へ向けてのスケジュール】

店舗の工事、設備導入、トレーニング等を並行して進めることで、2021年10月には事業化を目指したい。

工程	担当	2021					2022	
		8月	9月	10月	11月	12月	上期	下期
事業資金の用意（自己資金）	当社	→						
店舗の外装内装工事	協力会社	→	→	→				
設備導入	協力会社		→	→				
製造トレーニング・研修	当社			→	→	→	→	→
新商品の販売開始	当社			→	→	→	→	→
ＳＮＳ広告	当社			→	→	→	→	→
代表による指導・助言	当社	→	→	→	→	→	→	→

【期待される効果】

【顧客の観点】

- どこにいても本格的ワインが気軽に愉しめる。
- どこにいてもワインの基礎知識、テイスティングが学べる。
- 代表とＳＮＳでつながることによりワインに関する相談を受けることができる。

【自社の観点】

- 新規事業、既存事業によるBtoCだけでなく、ワイン知識、ノウハウの蓄積によるBtoBへ販路拡大が図れる。
- 複数事業からの売上げが見込め、経営の安定化が期待できる。外的要因に対してリスクヘッジがとれるようになる。
- 新事業への取組みにより雇用増大や社内活性化につながる。
- 動画撮影や配信環境に関するノウハウが蓄積される。

【社会的観点】

- 雇用が増加することにより社会貢献できる。
- オンライン販売の普及促進により、コロナウイルスの拡大防止に貢献できる。
- 機材購入や設備投資により社会貢献できる。

3：本事業で取得する主な資産

建物の事業用途 または 機械装置等の名称・型番	建物または製品等分類 （日本標準商品分類、中分類）	取得予定価格	建設または設置等を行う事業実施場所 （1．申請者の概要で記載された事業実施場所に限ります。）
店内改装工事	99分類不能の商品	1,000,000円	本社
		円	
		円	
		円	

4：収益計画

①本事業について

【資金調達方法】

代表者の自己資金により行う。新規借入れは行わない予定であるが、さらなる資金調達が必要となった場合に備え、きらぼし銀行と借入れに関する相談も進めているところであり、今後の資金需要には十分応えられると考えている。

【収益計画】

本事業の立ち上がりは2021年10月を見込んでいる。売上げとしては、補助事業終了年度には月間平均延べ60人からの購入を見込んでいる。以降の年度は前年同月比＋20人の獲得を計画している。

＜会社全体の収益計画＞　（単位：円）

	直近の決算年度 [2021年1月]	補助事業終了年度 (基準年度) [2022年1月]	1年後 [2023年1月]	2年後 [2024年1月]	3年後 [2025年1月]
① 売上高	20,602,434	17,501,217	19,901,217	22,301,217	24,701,217
② 営業利益	618,073	875,061	995,061	2,230,122	3,705,183
③ 経常利益	498,050	755,038	875,038	2,110,099	3,585,160
④ 人件費	7,089,000	7,520,720	7,746,342	7,978,732	8,218,094
⑤ 減価償却費	694,075	878,875	878,875	878,875	878,875
付加価値額(②+④+⑤)	8,401,148	9,274,656	9,620,278	11,087,729	12,802,151
伸び率（%）			3.7	19.5	38.0
従業員数（任意）					
従業員1人当たりの付加価値額（任意）					
従業員1人当たりの付加価値額伸び率（%）					

＜新規事業/既存事業の売上金額（内訳）＞

(単位：人数/円)

	補助事業終了年度(基準年度)[2022年１月]	１年後[2023年１月]	２年後[2024年１月]	３年後[2025年１月]
購入者数（月）	60	80	100	120
平均販売単価（月）	10,000	10,000	10,000	10,000
新規売上げ（月）	600,000	800,000	1,000,000	1,200,000
新規事業売上金額	7,200,000	9,600,000	12,000,000	14,400,000
既存事業売上金額	10,301,217	10,301,217	10,301,217	10,301,217

②付加価値額の算出根拠について

売上高

既存事業の売上高については席数が減少するため、前年よりもマイナスの計画値（約1,030万円）としている。既存事業（店舗営業）では、回転数にこだわらない高単価×顧客満足度の高いサービスを提供していく。これに本事業の売上高を合算した金額が売上高である。

営業利益

計画値として2022年、2023年、2024年は営業利益率を５％、2025年は10％、2026年以降は15％で見込んでいる。逓増的に売上げが上がるが、経費のかかり方は逓増的に増えていかないため、後半になるほど、利益率が高くなる想定である。

営業外費用

既存の借入れ分を計上している。

人件費

補助事業終了年度以降、計３名で7,520,720円を計画値としている。

減価償却費

これまでの減価償却分、また2022年以降は建物改装分についてのものである。

事業計画書策定支援者の情報

認定経営革新等支援機関ＩＤ	(12桁)　０００００００００００００
認定経営革新等支援機関 事業計画書策定支援者名	[名称] ○○株式会社　※法人名または担当者名 [本店/支店] ☑ 本店　□ 支店（支店名：　） [担当者等名] ●●●●　※作成支援者が法人の場合のみ [報酬の有無] ☑ 有　□ 無 [報酬(予定)]　XXX,000　円　※成功報酬を含む [契約期間]　24　か月
(補助金額3,000万円以上の場合) 金融機関 事業計画書策定支援者名	[名称]　※法人名または担当者名 [本店/支店] □ 本店　□ 支店（支店名：　） [担当者等名]　※作成支援者が法人の場合のみ [報酬の有無] □ 有　□ 無 [報酬(予定)]　円　※成功報酬を含む [契約期間]　か月
その他の支援者名（上記の認定経営革新等支援機関・金融機関以外に事業計画書策定支援者または補助事業実施期間およびフォローアップ期間の支援者がいる場合のみ。必ずすべての支援者を記載してください）	[名称]　※法人名または担当者名 [本店/支店] □ 本店　□ 支店（支店名：　） [担当者等名]　※作成支援者が法人の場合のみ [報酬の有無] □ 有　□ 無 [報酬(予定)]　円　※成功報酬を含む [契約期間]　か月

※補助事業実施期間またはフォローアップ期間に支援を行う者に変更があれば、別途、補助事業実績報告書、事業化状況報告書等とともに報告してください。

５．補助事業等の実績

これまでに交付を受けた国等の補助金または委託費の実績があれば記載する。(事業実施中の案件を含め、過去３年間程度を目安に記載する。助成金、給付金については記載不要)

事業名称および事業概要	
事業主体（関係省庁・独法等）	
実施期間	
補助金額・委託額	万円
テーマ名	
本事業との相違点	
事業成果・実績	(直近の事業化段階：　) ※事業成果・実績期についても簡潔に記載

※複数の補助金・委託費で採択された実績ある場合は、追加してすべて記載してください。

6．経費明細表、資金調達内訳【＊】

（1）経費明細表

（単位：円、小数点以下切り捨て）

経費区分	(A) 事業に要する経費(税込みの額)	(B) 補助対象経費(税抜きの額)	(C) 補助金交付申請額((B) 補助対象経費×補助率以内(税抜きの額)) (D) 補助率 3／4	(E) 積算基礎((A) 事業に要する経費の内訳（機械装置名、単価×数量等))
建物費	1,100,000	1,000,000	750,000	■店内改装工事 1,100,000円×一式＝1,100,000円
機械装置・システム構築費	385,000	350,000	262,500	■パウチパック充填機 110,000円×一式＝110,000円 ■A3カラーレーザープリンター 165,000円×一式＝165,000円 ■テイスティング用ワイングラス 110,000円×一式＝110,000円
技術導入費				
専門家経費				
運搬費※1				
クラウドサービス利用費				
外注費	550,000	500,000	375,000	■パッケージ費、ロゴデザイン費 550,000円×一式＝550,000円
知的財産権等関連経費				
広告宣伝・販売促進費	330,000	300,000	225,000	■ＳＮＳ広告費 330,000円×一式＝330,000円
研修費				
海外旅費※２				
合　計	(A) 2,365,000	(B) 2,150,000	(C) 1,612,500	

※１　購入する機械装置の運搬費については、機械装置・システム構築費に含めることとします。
※２　海外旅費については、卒業枠・グローバルＶ字回復枠の応募申請に限り、補助対象経費となります。

（2）資金調達内訳

＜補助事業全体に要する経費調達一覧＞

区　分	事業に要する経費(円)	資金の調達先
自己資金	752,500	
補助金交付申請額	(C) 1,612,500	
借入金		
その他		
合計額	(A) 2,365,000	

＜補助金を受けるまでの資金＞

区　分	事業に要する経費(円)	資金の調達先
自己資金	1,612,500	
借入金		
その他		
合計額	(C) 1,612,500	

【ケース２】映像スクリーンの販売・設置・施工会社

１：補助事業の具体的取組内容

【当社の概要】

当社は1995年に東京都○○区で創業した映像関連のスクリーン販売並びにその設置・施工会社です。コロナ前までは映像機材のレンタルや最新鋭のプロジェクターやディスプレイを使用し、イベント関連や劇場などを多く受注していました。

〈当社の取扱いサービス〉

- 映像、音響システムに関する設計・施工、レンタル、オペレーション
- 映像幕（スクリーン）のレンタル、販売、並びにその設置・施工
- イベントの企画・制作
- ホールやビデオスタジオ等の企画
- 自社スタジオでの映像の制作・編集・ＭＡ

【当社の実績】

〈取引先〉Ｔ社、Ｍ社、Ｈ社、Ｋ劇場、Ｍ財団、Ｔ社、Ｎ社、Ｄ社、Ｔ社　他

〈納品実績〉ゲームショウ（Ｋ社ブース）、モーターショー（Ｓ社ブース）　他多数

取引先の大半が大手広告会社、大手プロモーター、大きなイベント、有名劇場となっており、多くの引き合いをいただいています。

<実績例>

イメージ写真
（本書では非公開）

イメージ写真
（本書では非公開）

【新型コロナウイルス感染症拡大による事業への影響】

新型コロナウイルス感染症拡大の影響により、展示会やイベントがことごとく中止になりました。一大イベントのスポーツ大会も先行きは不明です。当社のようなイベント関連会社は軒並み売上減少という危機的状況に陥っています。

また売上減少やリモートワークの進展により、営業活動が滞るようになり、また先行きの不透明な状況から投資をストップする顧客が増えてきております。

2019年９月期は800,000千円あった売上高が、2020年９月期の決算は550,000千円となり31.3%減少しました。2020年10月から2021年３月までの６か月間の売上高は400,000千円ですが、コロナ前のペースには回復しておりません。創業

以来の危機的状況が続いており、イベントに頼らない新分野展開が必須となっております。

【当社の強み】

当社は制作領域と技術領域を併せ持ち、映像・イベント・クリエイティブ・プロモーションという４つの異なる領域をカバーし、顧客のニーズに沿った総合的なご提案をワンストップで提供できます。エンターテインメント領域で培った企画制作力とデジタル・映像を強みとしたテクニカルソリューションを駆使して、どの立ち位置からでも、どの段階からでも柔軟に対応することが可能です。

当社独自の技術力と安定性、実績を信頼して発注してくださる方が多く、展示会・発表会などの企業イベントはもちろんのこと、芝居やミュージカルなどの専門性の高い劇場空間での演出家や舞台監督からの発注も応えられます。

イベントではカメラや音響、プロジェクター、プロジェクションマッピングなど多くの機材を活用します。当社はこれらの多様な機器を保有し、イベント会場に持ち込み、設営・運営までを行います。イベント用機材について豊富なノウハウがあります。

最近では、オンラインでのイベント開催の相談もいただくようになりました。オンラインイベントでは一方的に動画配信する方法と、双方向での方法があります。一般的には一方的なイベントが大半ですが、なかには双方向のイベントも出てきており、当社ではこれまで培ってきた機材の設営や運営といったノウハウを活かすことができます。

【当社の成長の背景】

職員25名の小さな会社ですが、少数精鋭で26年間培った技術と経験に基づいたノウハウをお客様に高く評価していただいています。

若手社員向けにベテラン社員を講師とした定期社内研修を行っており、技術の蓄積を重視しています。また、特にプロジェクター設備の充実やそれを取り扱う技術水準の高さは好評をいただいており、大手企業にも負けない自負があります。

【事業再構築の必要性】

当社はリアルなイベント開催に際し、機材提供・運営受託を主業務として行っております。新型コロナウイルス感染症拡大の影響が長期化しており、展示会やイベント開催が当面の間本格化できない状態となっております。コロナ後は爆発的にイベントが開催させることが予想されますが、いつそれがくるかわからず、先行きは不透明です。いまからイベントに頼らない事業分野に展開しなければなりません。

【事業再構築の具体的内容】

オンラインライブ配信特化型の配信スタジオを開設します。高性能な複数のカメラや送出ＶＴＲ、スイッチャー、インターネット回線二重化、クロマキ合成が可能なスタジオとし、止めることの許さないオンラインライブ配信をサポートします。

首都圏には撮影スタジオが多々あり、コロナ禍の影響もあって近年、より増えております。その多くは動画や静止画を撮るためのスタジオが中心です。いわゆる写真スタジオの延長線にあるものです。極端なことをいうと、場所とカメラ、マイクがあれば、どこでもできるものです。

今回当社では、テレビの収録スタジオと遜色ないオンラインライブ配信特化型スタジオとしての設備を準備し、企業などの高度なオンラインライブ配信ニーズに応えていきます。

Ⅰ　オンラインライブ配信特化型スタジオの特徴

①クロマキ合成

本事業で実施するスタジオはクロマキ合成ができる環境を整えます。背景をＣＧと合成することで、スタジオからの配信ではない環境を演出できます。顧客に合わせてＣＧを個別で開発することも可能です。

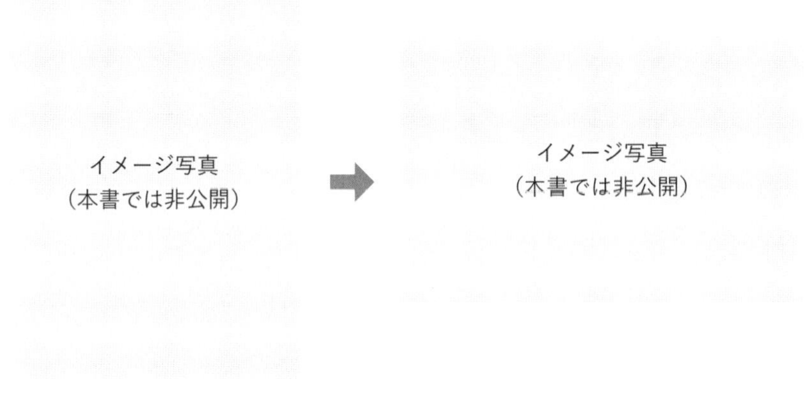

②複数台のカメラワークへの対応

３台の高性能なカメラを常設します。複数台のカメラにより、さまざまなアングルで撮影し、配信できます。カメラはスイッチャーに連携し、スイッチャーから配信設備を通して、インターネットに配信されます。３台のカメラがあることで、１台のカメラに不具合がでたとしても他の２台で配信を続けることができます。

③スイッチャー（切り替え器）

スイッチャーは、カメラやマイク、テロップＰＣ、クロマキＰＣなどを集約し、配信用の映像を作成するスタジオの肝となる機材です。今回はシームレススイッチャーという画像の乱れを極力抑えることのできるスイッチャーを導入し、スムーズな画面切り替えと配信を提供します。また、同機は信頼性も高いもので、スイッチャーの不具合による配信停止が極力起こらないようにします。

シームレススイッチャーの利点
1．スイッチングした際に画面が乱れずスムーズに切り替わる
2．切り替え時にフェードイン・フェードアウト等のエフェクト切り替えが可能
3．プレビューモニターにより本番中でも接続テストが可能
4．高い出力解像度のＰＣでもUXGA（1600×1200）までは確実に対応
5．ＰＣ切り替え時のスクリーン上の画角のズレも事前に調整可能
6．本番中、待機ＰＣがスリープ状態等になっていないかモニターで確認可能
7．本番前、急遽ビデオカメラ等追加になっても多種の映像信号に幅広く対応

④インターネット回線の二重化

オンラインライブ配信は配信を止めることが許されません。配信用インターネット回線は二重化し、片方の回線が止まったとしても、もう片方で配信が続けられるようにします。回線はフレッツ系とＮＵＲＯ系と系統を分け、通信キャリア側の大規模障害にも対応します。

配信システムイメージ

イメージ図
（本書では非公開）

II　提供形態

当社の配信スタジオは、場所や機材だけを提供することは行わず、ディレクターやスイッチャー、カメラマン、音響といった配信の専門スタッフの運営もセットで提供することで、大切な配信をお手伝いいたします。配信内容の企画・立案・提案から、当日の進行、機器の操作、マネジメントまで、すべてを提供してまいります。

III　配信のバックアップ

ここまでの設備を準備することで、配信が停止する可能性は極めて低くなります。ただし、当社が統制できないところで配信が止まる可能性があります。そのため配信が止まってしまうような万が一の場合のために、ライブ配信の内容をバックアップしておき、配信が停止した場合は、バックアップをアップロードして閲覧できるような状態にし、まったく配信ができないという最悪の事態を回避します。

Ⅳ　利用イメージ

①株主総会

最近は上場企業の株主総会もオンライン開催が増えてきました。株主総会は企業にとって重要な場面です。クロマキ合成を活用し、スタジオにいながらその企業の特徴を出せるような背景にし、パワーポイントのスライドを横に出して配信します。場合によって、カメラ越しで参加している参加者を画面に表示することで一体感を出すことができます。

オンラインミーティングツールの機能を使い、会場外の視聴者との質疑応答の様子を映し出すこともできます。

②ハイブリッド型イベント

リアルとバーチャルを融合したハイブリット型のイベントを開催できます。展示会＆商談会、株主総会などリアルで体感できるものと、オンラインで閲覧するもの、計２パターンを同時に実現するイベントです。オンライン閲覧の場合、送り手側と観ているユーザー側とがLIVE感をしっかり情報共有できる、観ているユーザーを飽きさせない、深く納得させるための質の高い配信サービスを提供できます。

イメージ写真
（本書では非公開）

③双方向でのオンラインコミュニケーション

いままでのウェビナーは、特に参加者が多い場合、音声で質問を受けることが難しく、一方通行でした。

しかし、これからは講師と多くのユーザーを双方向で結び、質問、回答、ユーザー同士の議論も、今回導入する多チャンネルのスイッチャーによる画面切り替えにより、質問者へすぐに画面を切り替えることで、スムーズな双方向コミュニケーションができるようになります。質問者を大きく映し出すことで、臨場感あふれる演出ができます。

イメージ写真
（本書では非公開）

【必要な設備、投資内容】

１．配信用機材（カメラ・音響・照明・スイッチャー・ＶＴＲ・モニター・回線二重化設備など）
２．スタジオ内装・施工費

3. スタジオセット

機器構成イメージ	スタジオ施工イメージ
イメージ図 （本書では非公開）	イメージ図 （本書では非公開）

【実施体制】

本事業については代表取締役Mが陣頭指揮をとり、会社の幹部中心に一眼となって推進していきます。

担当者名	部署／役職	経験年数	本補助事業の役割
M	代表取締役	従事歴26年 実務経験41年	総括責任者 営業責任者
N	常務取締役	社歴18年 実務経験21年	技術面の導入責任者
T	技術部	社歴20年 実務経験30年	技術担当者
O	イベント事業部	社歴14年 実務経験19年	営業担当者
K	経理部	経理歴20年	経理、事務管理担当者

【スケジュール】

取組内容	2021年					2022年						
	8月	9月	10月	11月	12月	1月	2月	3月	4月	5月	6月	7月
スタジオ内装設計	→	→										
スタジオ内装工事発注			★									
金融機関からの資金調達			★									
スタジオ内装工事発注			→	→	→							
スタジオ内装工事引渡						★						
設備検討・選定	→	→										
設備発注				★								
設備導入						→	→					
導入機器の検証・ シミュレーション								→				
サービスメニュー開発							→	→	→	→		
サービスメニュー検証									→	→	→	
サービスメニュー確立											→	→

【事業再構築要件について】

「新分野展開」で必要となる要件

要件		内容
①製品等の新規性要件		
	過去に製造等した実績がないこと	これまでオンラインライブ配信用スタジオを事業として行ったことはないため要件を満たす
	製造等に用いる主要な設備を変更すること	配信用スタジオの新規開設と配信用機材といった専門設備を導入するため、要件を満たす
	定量的に性能または効能が異なること（製品等の性能や効能が定量的に計測できる場合に限る）	
②市場の新規性要件		
	既存製品等と新製品等の代替性が低いこと	既存のイベント関連事業と本オンラインライブ配信スタジオ事業はターゲットやサービス提供方法が異なるため、競合関係にない。むしろイベント事業においてオンライン同時配信というハイブリッド型イベントを提案することもできるため、相乗効果も期待できる
③売上高10％要件		
	新たな製品等の売上高が総売上高の10％以上となること	４：収益計画のとおり、新たな製品等の売上高が総売上高の10％以上となるため、当要件を満たす

【本事業による既存事業との関連性】

当社はこれまでイベント開催に際し、機材の提供と運営を主に行ってきました。イベントではカメラや音響、プロジェクター、プロジェクションマッピングなど、多くの機材を活用します。当社はこれらの多様な機器を保有し、イベント会場に持ち込み、設営・運営までを行います。イベント用機材について豊富なノウハウがあります。

最近では、オンラインでのイベント開催の相談もいただくようになりました。当社では、これまで培ってきた機材の設営や運営といったノウハウをオンラインライブ配信イベントに活かすことができます。

オンラインとリアルを組み合わせたハイブリッド型のイベントを開催することができ、相互にシナジーが期待できます。

【本事業による他社との差別化要因】

首都圏には撮影スタジオが多々あります。その多くは動画や静止画を撮るためのスタジオが中心です。いわゆる写真スタジオの延長線にあるものです。

当社の場合、オンラインでのライブ配信専用のスタジオであり、機材やインフラはライブ配信を止めない前提で設計された高度なものを導入します。また、配信はこれまでイベントで培った豊富なノウハウを持つスタッフが、企画から運営・管理までライブ配信に関わるすべてを支援していきます。設備面・運営面でこれだけのものを備えたスタジオはないと自負しております。

【当社がこの事業を行う意義】

当社がこの事業を行うことで、コロナ禍で急速に市場が拡大し需要が高まっているオンライン配信について、さらにオンライン配信基盤を拡充させていくことができ、社会に貢献することができると考えます。イベントで培ったノウハウを存分に発揮することもでき、まさに我々だからこそできるビジネスと考えております。

2：将来の展望（事業化に向けて想定している市場および期待される効果）

【市場規模・動向】

①オンラインライブ配信市場の伸び

新型コロナウイルスの感染拡大に伴い、リアルな会場で開催されるライブエンターテインメントは開催自粛が相次いでいます。CyberZ、OEN、デジタルインファクトの3社が共同で実施した国内デジタルライブエンターテインメント市場に関する市場動向調査では、2024年の市場規模が約1,000億円にのぼる見込みのようです。オンラインでのライブエンターテインメントに関する市場規模ですが、オンラインライブ配信に関する全体的な動向として捉えてよいと考えます。

イメージ図
（市場規模予測のグラフ）

②オンライン株主総会

株主総会を開催するリアルの「場所」を設けつつ、オンライン等での参加／出席を認める株主総会は、現行法上、開催可能です。新型コロナウイルス禍が長引くなかでインターネット配信を活用する動きが広がり、2021年3月開催の総会では、会場とオンラインとの併用が全体の15%となりました。今後も、この傾向が加速していくものと思います。当社の事業にとってはプラス材料です。

【標的顧客と提供商品、価格】

《標的顧客》

高品質なオンラインライブ配信を行っていきたい企業（株主総会やセミナーや商品発表会）

特に上場企業や大手企業

《提供商品》

オンラインライブ配信スタジオの提供

弊社スタッフによる配信業務の企画・設計・運営

《価格》

1配信　セミナー　35万円から（想定平均単価　50万円）

株主総会　100万円から（想定平均単価　300万円）

【事業化へ向けての課題と解決策】

<課題、解決策①>　営業体制の確立

導入後に多くの標的企業に営業活動を実施しますが、設備投資の回収には、より多くの企業への採用を促すことで、収益化を加速する必要があります。早期に多数の顧客企業を獲得するためには、多くの人員をかけて営業活動を行う必要があります。

この解決策として、これまでの直販営業に加え、代理店体制を拡充していきます。営業向け製品トレーニングを行い、早期に同事業の受注獲得を目指します。

<課題、解決策②>　営業支援ツールの確立

営業を支援するツールを当社にて準備します。

①リーフレットの作成

営業が顧客に案内しやすいよう、カタログを作成します。大手企業向けに株主総会やセミナーでの需要を想定し、準備します。Ａ４サイズの大きさに、サービスの特性や、どのような効果があるのかを謳った内容とします。ホームページＵＲＬも掲載し、専用ページへのアクセスも促します。このカタログを各営業マンに配付し、営業に役立ててもらいます。

②専用ホームページの作成

本サービス専用のホームページを開発します。カタログ同様、本サービスの利点と効果、特長と、どのようなニーズを解決できるのか、どのような効果があるのかを謳った内容とします。

特に、営業支援用に情報提供を強化します。これから検討する企業には、導入までの準備内容やプロセスを営業担当者がわかりやすく説明できるようにするコンテンツを充実させます。

検討中の企業が閲覧してもわかりやすい内容にし、認知度を高めていきます。問い合わせフォームも設け、検討企業からの問い合わせも受け付けます。

<課題、解決策③>　機器の保守・メンテナンス体制の確立

配信用機材は精密さが求められるので、機器の保守・メンテナンス体制を確立する必要があります。メーカーの保守サポートを主として活用しながらも、日常のメンテナンスは当社内部で行います。既存のイベント事業では機器の保守要員がおりますので、本事業と兼務し、対応していく予定です。

【事業化へ向けてのスケジュール】

事業化へ向けた各課題を解決することで、2022年７月には事業化を目指したい。

工程	担当	2022		2023		2024	
		1-6	7-12	1-6	7-12	1-6	7-12
営業体制の確立	当社・代理店	→	→	→	→	→	→
営業支援ツールの確立	当社	→					
リーフレット・ホームページ	当社	→					
営業開始	当社・代理店		→	→	→	→	→
受注	当社・代理店		→	→	→	→	→
機器保守・メンテナンス体制制の確立	当社	→	→	→	→	→	→

【期待される効果】

【顧客の観点】

①質の高いオンラインライブ配信を自社で提供することができます。
②これまで質の悪いオンライン配信を行ってきた企業は、品質の高さに感動します。
③オンラインライブ配信を新たな事業のモデルとして取り組むことができます。
④オンラインライブ配信を活用することで、情報発信手段の幅を広げることができます。

【自社の観点】

- リアルイベント以外でも収益を上げられる柱ができます。
- リアルとオンラインのハイブリッドなイベント提案ができ、提案の幅が広がります。
- オンラインライブ配信といえば○○○というように、業界内での先駆者的な位置につけることができます。
- 顧客満足度が向上することで、顧客の紹介が期待できます。

【社会的観点】

- 関心の高まっているオンラインライブ配信分野において、新たなインフラ基盤を持つことができます。
- 機材の仕入先や下請け企業、施工会社への注文が増え、地域経済の活性化が期待できます。
- 従業員の雇用が守られ、さらに雇用を増やすことができます。

3：本事業で取得する主な資産

建物の事業用途 または 機械装置等の名称・型番	建物または製品等分類（日本標準商品分類、中分類）	取得予定価格	建設または設置等を行う事業実施場所（1．申請者の概要で記載された事業実施場所に限ります。）
スタジオ内装工事	建物	10,000,000円	㈱○○○本社
カメラ	光学機械	2,000,000円	㈱○○○本社
音響	電子応用装置	1,500,000円	㈱○○○本社
スイッチャー	電子応用装置	5,000,000円	㈱○○○本社
ＶＴＲ	電子応用装置	1,500,000円	㈱○○○本社
		円	
		円	

4：収益計画

①本事業について

【資金調達方法】

当社は前期決算の時点で現預金が3.27億円以上あります。自己資本比率も59.2%と高いため、短期長期の観点からみても、財務的な不安はありません。

今回の投資についても自己資金でできないこともないですが、資金繰りに余裕を持たせるために銀行借入れを行う予定です。メインバンクのＳ信用金庫へは融資を打診しており、前向きに検討してもらっています。補助事業を進めるうえでの財務的な不安はありません。

【収益計画（５年）】

５年間の売上げは次のように積算しております。

単位：件数/円

	23年９月期	24年９月期	25年９月期	26年９月期	27年９月期
セミナー	24	50	100	150	200
単価	350,000	350,000	350,000	350,000	350,000
小計	8,400,000	17,500,000	35,000,000	52,500,000	70,000,000
株主総会	10	30	50	75	100
単価	3,000,000	3,000,000	3,000,000	3,000,000	3,000,000
小計	30,000,000	90,000,000	150,000,000	225,000,000	300,000,000
オンラインライブ配信売上げ計	**38,400,000**	**107,500,000**	**185,000,000**	**277,500,000**	**370,000,000**

セミナー事業については、2022年７月から本格的に営業を開始し、事業化初年度の2023年９月期は月２件の開催を見込みます。その後営業を強化していくことで、2024年度は年50件、2025年以降は年50件増加ペースで開催していきます。

株主総会事業についても、同様に2022年７月から本格的に営業を開始し、事業化初年度の2023年９月期は10件の開催を見込みます。その後、営業を強化していくことで、2024年度は30件、2027年は100件と全上場企業約3,800社のうち、2.6%を当社で配信していくことを目指します。

②会社全体の収益計画（表）における「付加価値額」の算出根拠について

売上高

既存事業の売上高は、基準年度はコロナ禍もあり、直近決算と同一で積算しています。本事業が本格化する2023年は、コロナも収束していると予想するため、イベント関連が復活し、既存事業の売上高も前年５%伸びとしています。

2024年以降も同様に、アフターコロナでイベントが積極的に開催されると予想し、年率10%の伸びで積算しております。この既存の売上高に上記本件の売上高を合わせております。内訳は下記の通りで、今回の新分野展開の売上高が総売上高の10%を満たしております。

	１年後(2023年9月期)	２年後(2024年9月期)	３年後(2025年9月期)	４年後(2026年9月期)	５年後(2027年9月期)
会社全体の売上高	546,270,168	640,763,676	744,926,860	865,423,203	987,319,363
本事業の売上高	38,400,000	107,500,000	185,000,000	277,500,000	370,000,000
本事業の売上高割合	7.03%	16.78%	24.83%	32.07%	37.48%

営業利益

コロナ前の実績から売上高の10%で積算しております。コロナ前は10%超えが多かったため、堅めにみております。

人件費

人件費については、役員報酬と管理・営業・保守部門の人件費をみております。賃金の伸びについては年率３%の伸びでみております。

減価償却費

本件について、建物を36年定額法にて、機材を器具備品として５年定率法にて積算しております。そちらに既存の減価償却費を合算しております。

事業計画書策定支援者の情報

認定経営革新等支援機関ＩＤ	(12桁)　０００００００００００００
認定経営革新等支援機関 事業計画書策定支援者名	[名称] ○○株式会社　※法人名または担当者名 [本店/支店] ☑ 本店　□ 支店（支店名：　） [担当者等名] ●●●●　※作成支援者が法人の場合のみ [報酬の有無] ☑ 有　□ 無 [報酬(予定)]　XXX,000　円　※成功報酬を含む [契約期間]　24　か月
(補助金額3,000万円以上の場合) 金融機関 事業計画書策定支援者名	[名称]　※法人名または担当者名 [本店/支店] □ 本店　□ 支店（支店名：　） [担当者等名]　※作成支援者が法人の場合のみ [報酬の有無] □ 有　□ 無 [報酬(予定)]　円　※成功報酬を含む [契約期間]　か月
その他の支援者名（上記の認定経営革新等支援機関・金融機関以外に事業計画書策定支援者または補助事業実施期間およびフォローアップ期間の支援者がいる場合のみ。必ずすべての支援者を記載してください）	[名称]　※法人名または担当者名 [本店/支店] □ 本店　□ 支店（支店名：　） [担当者等名]　※作成支援者が法人の場合のみ [報酬の有無] □ 有　□ 無 [報酬(予定)]　円　※成功報酬を含む [契約期間]　か月

※補助事業実施期間またはフォローアップ期間に支援を行う者に変更があれば、別途、補助事業実績報告書、事業化状況報告書等とともに報告してください。

5．補助事業等の実績

これまでに交付を受けた国等の補助金または委託費の実績があれば記載する。(事業実施中の案件を含め、過去３年間程度を目安に記載する。助成金、給付金については記載不要)

事事業名称および事業概要	
事業主体（関係省庁・独法等）	
実施期間	
補助金額・委託額	万円
テーマ名	
本事業との相違点	
事業成果・実績	(直近の事業化段階：　)
	※事業成果・実績期についても簡潔に記載

※複数の補助金・委託費で採択された実績ある場合は、追加してすべて記載してください。

6．経費明細表、資金調達内訳【＊】

（1）経費明細表

（単位：円、小数点以下切り捨て）

経費区分	（A）事業に要する経費（税込みの額）	（B）補助対象経費（税抜きの額）	（C）補助金交付申請額（（B）補助対象経費×補助率以内（税抜きの額）） （D）補助率 3／4	（E）積算基礎（（A）事業に要する経費の内訳（機械装置名、単価×数量等））
建物費	11,000,000	10,000,000	6,375,000	スタジオ内装工事　一式 11,000,000円×１式
機械装置・システム構築費	11,000,000	10,000,000	7,500,000	カメラ 2,200,000円×１式 音響 1,650,000円×１式 スイッチャー 5,500,000円×１式 ＶＴＲ 1,650,000円×１式
技術導入費				
専門家経費				
運搬費※1				
クラウドサービス利用費				
外注費				
知的財産権等関連経費				
広告宣伝・販売促進費	2,200,000	2,000,000	1,125,000	ウェブサイト制作 1,100,000円×１サイト カタログ制作デザイン 550,000円×１
研修費				
海外旅費※2				
合　計	（A）24,200,000	（B）22,000,000	（C）15,000,000	

※１　購入する機械装置の運搬費については、機械装置・システム構築費に含めることとします。
※２　海外旅費については、卒業枠・グローバルＶ字回復枠の応募申請に限り、補助対象経費となります。

（2）資金調達内訳

＜補助事業全体に要する経費調達一覧＞

区　分	事業に要する経費(円)	資金の調達先
自己資金	4,200,000	
補助金交付申請額	（C）15,000,000	
借　入　金	5,000,000	Ｓ信用金庫
そ　の　他		
合　計　額	（A）24,200,000	

＜補助金を受けるまでの資金＞

区　分	事業に要する経費(円)	資金の調達先
自己資金		
借　入　金	15,000,000	Ｓ信用金庫
そ　の　他		
合　計　額	（C）15,000,000	

コラム

売上げの推定の仕方

事業計画書で最も重要なのは「売上げの推定」です。主な売上予測の方法には以下のようなものがあります。業種や商品の特性を踏まえ、どのような推測方法がよいか、検討してみましょう。さらに、経験に基づく数値や業界平均、地域事情を加味したり、先行する先輩企業の数値を知ることができる場合は、その数値を参考にするなど、多角的に売上高を予測することが大切です。

①販売業で店舗売りのウェイトが大きい業種

<算式>1㎡（または1坪）当たりの売上高　×　売場面積

例：コンビニ

売場面積　100㎡／1㎡当たりの売上高（月間）　16万円

売上予測（1か月）＝16万円×100㎡＝1,600万円

②飲食店営業、理・美容業などサービス業関係業種

<算式>客単価　×　設備単位数（席数）　×　回転数

例：業種：理髪店

理髪椅子　2台／1日1台当たりの回転数　4.5回転

客単価　3,950円　月25日稼働

売上予測（1か月）＝3,950円×2台×4.5回転×25日＝88万円

③労働集約的な業種（自動車販売業、化粧品販売業、ビル清掃業など）

<算式>従業者1人当たりの売上高　×　従業者数

[設例]　業種：自動車小売業

従業者　3人／従業者1人当たりの売上高（月間）　256万円

売上予測（1か月）＝256万円×3人＝768万円

④設備が直接売上げに結びつき、設備単位当たりの生産能力が捉えやすい業種（部品製造業、印刷業、運送業など）

<算式>設備の生産能力　×　設備数

例：業種：部品（ボルト）加工業

施盤2台／1台当たりの生産能力　1日（8時間稼働）当たり500個／

加工賃@50円　月25日稼働

売上予測（1か月）＝50円×500個×2台×25日＝125万円

参考：日本政策金融公庫　創業計画Q＆A

第7章

資金計画を立ててみよう

事業全体でかかるお金はこうやれば集計できる

新規事業や事業再構築を考えたとき、まず事業計画書を書くことがとても大切です。なかでも**数字の部分の計画＝資金計画をきちんと立てられるかどうかが、成功の第一関門**ともいえます。

新規事業の資金計画は、⑴単純に積み上げていった場合、想定する事業全体でかかるお金はいくらか、⑵事業にかけられるお金（自己資金＋他人から集めるお金）はいくら用意できるか、の２つのアプローチから考えてみましょう。

⑴　単純に積み上げていった場合、想定する事業全体でかかるお金はいくらか

まずは新規事業にかかるコストを単純に積み上げて、事業全体でかかるお金を算出します。大きく分けて、運転資金と設備資金に分けて考えますが、事業全体でかかるお金は以下の計算で把握できます。

• 設備資金…設備など金額の大きい初期投資にかかる資金
例）パソコン、ウェブサイト、システム開発費、内装工事、机、イス、オフィスの敷金・保証金など

• 運転資金…仕入、家賃、人件費など運営上毎月必要なコスト
例）仕入資金、給与、外注費、交通費、通信費、家賃、交際費、会議費、支払手数料など

設備資金＋運転資金×３か月分＝事業全体でかかるお金

不明な金額があれば、インターネットで調べたり、必要があれば業者に見積りを依頼して情報収集して、表に金額を書き入れましょう。

例）

設備資金（設備など金額の大きい初期投資にかかる資金）

オフィス・店舗の敷金・保証金	1,250,000円
内外装、看板作成費など	4,710,000円
車輌など	0円
机、テーブル、イスなどの備品	2,055,000円
パソコン・プリンタなどの機器	100,000円
ソフトウェアなどの開発費	0円
フランチャイズの加盟金など	0円
①設備資金合計	8,115,000円

運転資金（仕入、人件費、諸経費など会社の運営上必要な資金）

仕入資金	700,000円
追加加入役員の役員報酬	300,000円
従業員等給与	600,000円
社会保険料	115,000円
外注費	0円
旅費交通費	30,000円
通信費	20,000円
家賃	230,000円
水道光熱費	100,000円
広告宣伝費	50,000円
会議費	5,000円
交際費	10,000円
消耗品費	50,000円
専門家・コンサルタント報酬	40,000円
リース料	15,000円
支払手数料	17,000円
荷造運賃送料	0円
支払利息	12,500円
②1か月分の運転資金小計	2,294,500円
③運転資金合計（②×3か月分）	6,883,500円
必要資金＝①＋③	14,998,500円

★事業全体でかかるお金（＝必要資金）を把握しよう

設備資金（設備など金額の大きい初期投資にかかる資金）

オフィス・店舗の敷金・保証金	円
内外装、看板作成費など	円
車輌など	円
机、テーブル、イスなどの備品	円
パソコン・プリンタなどの機器	円
ソフトウェアなどの開発費	円
フランチャイズの加盟金など	円
①設備資金合計	円

運転資金（仕入、人件費、諸経費など会社の運営上必要な資金）

仕入資金	円
追加加入役員の役員報酬	円
従業員等給与	円
社会保険料	円
外注費	円
旅費交通費	円
通信費	円
家賃	円
水道光熱費	円
広告宣伝費	円
会議費	円
交際費	円
消耗品費	円
専門家・コンサルタント報酬	円
リース料	円
支払手数料	円
荷造運賃送料	円
支払利息	円
①１か月分の運転資金小計	円
②運転資金合計（②×３か月分）	円
必要資金＝①＋③	円

⑵ 事業にかけられるお金（自己資金＋他人から集めるお金）はいくら用意できるか

事業全体でかかるお金がだいたい把握できたら、それを自社の預金だけでまかなうことができるかを考えてみましょう。

その他、新たな出資（株主割当増資、第三者割当増資など）の可能性もあるかも検討してみます。

さらに、株の売却益、生命保険の解約返戻金などの可能性も検討してみましょう。

★資金としていくら拠出できるか、書き出してみよう

項　　目	金　　額
	円
	円
	円
	円
	円
拠出資金合計	円

例）

項　　目	金　　額
会社預金	1000万円
第三者割当増資	1000万円
	0万円
	0万円
	0万円
拠出資金合計	2000万円

金融機関での借入れについて具体的に検討しよう

本来であれば、短期的な運転資金（従業員の給料や仕入、家賃など）に回すべきキャッシュを設備投資資金に回してしまうのは危険が伴います。設備投資については、以下のコラムにあるように長期の借入れでまかなうのが基本です。**できる限り長期の返済計画で借りられる融資を調達するのが新規事業での資金計画の基本**といえるでしょう。

ここは、財務における会社経営の安全性をみるうえで、非常に重要なポイントとなります。新規事業や事業再構築への投資を行う際には必ず意識してください。

コラム

手元キャッシュを過剰に設備資金に回してしまうことの危険性

機械設備や店舗、ソフトウェア開発など、固定資産などの設備投資にまわす資金をどのような手段でまかなうのかは、非常に重要な経営判断となります。

ここで少し会計の視点でみていきましょう。決算書などでおなじみの貸借対照表です。

貸借対照表　2021年　　単位：千円

流動資産	21,000	流動負債	69,000
現預金	15,000	買掛金	30,000
売掛金	5,500	未払金	20,000
棚卸資産	500	短期借入金	19,000
固定資産	122,000	固定負債	10,000
土地	60,000	長期借入金	10,000
建物	250,000	純資産	64,000
器具備品	52,000	資本金	30,000
減価償却累計額	-240,000	利益剰余金	34,000
資産計	143,000	負債・純資産計	143,000

固定資産は、一度購入すれば数年〜数十年は使用するうえ、事業に使用してお金を生み出していく期間も長期にわたります。そのため、固定資産の購入資金はできる限り借入金ではなく、返済義務がない株主からの出資や稼いだ利益で工面するのが望ましいです。

逆に仕入や給与・賞与などの人件費、家賃などの諸経費、税金支払などの短期間での支出に使うようないわゆる「運転資金」に使うべき資金を削って設備投資に回してしまうようでは、あとで運転資金が不足して困ってしまう事態も起こりえます。

このような危険性・安全性を測る指標としては、固定（こてい）比率（ひりつ）があります。固定比率は、固定資産を自己資本で割って計算します。

固定比率 ＝ 固定資産／自己資本 × 100

固定比率は100％以内が安全性の高さの１つの目安です。

では、固定資産を取得するための資金が、自己資本だけではどうしても足りない場合はどうしたらよいのでしょう？

安全性のうえでは、できる限り長期の借入金（返済期間が１年超の借入金）で賄うことが重要です。固定資産を自己資本と固定負債の合計で割ったものを固定（こてい）長期（ちょうき）適合率（てきごうりつ）といいます。

固定長期適合率 ＝ 固定資産／（自己資本＋固定負債）× 100

もし固定比率が100％以内を達成できていない場合も、固定長期適合率100％以内は最低限達成したいところです。

上記のように固定比率、固定長期適合率、どちらも低いほど自己資本など長期の資金で固定資産の取得を賄えている（安全性が高い）ことを意味します。設備投資計画を考えるときには長期の借入が必要かどうか、１つの判断材料にしてみてください。

3 どの金融機関に相談するか戦略を練ろう

では、どの金融機関に相談するのがよいのでしょうか？　その答えとしては、やはり「メインバンク」を中心として、**日頃から自社の事業に協力的な金融機関**ということになります。逆に、いきなり知らない金融機関を訪れて、「事業再構築をするからお金を貸してくれ」と頼んでも、断られるのが関の山です。これを機に、自社のメインバンクについてもよく考えておきましょう。

コラム

メインバンクとは

「メインバンク」という言葉をよく耳にします。どんなものを指すのか、なんとなくわかっていても、「では、それを説明してください」と言われて滑らかに説明できる方がどれほどいるでしょうか？

もちろん、厳密な定義づけをされているわけではないですが、中小企業の経営者が金融機関とメインバンクとして付き合うには、それなりの前提があるのです。

【金融機関の種類】

金融機関と一口に言っても形態や規模はさまざまです。一般的に規模の大きさから順に以下のようになります。

都市銀行（メガバンク）	三菱ＵＦＪ銀行、三井住友銀行、みずほ銀行など
地方銀行	横浜銀行、千葉銀行、福岡銀行など
信用金庫	京都中央信用金庫、城南信用金庫、岡崎信用金庫など
信用組合	近畿産業信用組合、大東京信用組合、第一勧業信用組合など
政府系金融機関	日本政策金融公庫、商工組合中央金庫など
その他	農協、漁協、労働金庫、信託銀行、ゆうちょ銀行など

ネット専業銀行は、相談業務などメインバンクとしての役割を果たすのは難しいので除きました。また、意外かもしれませんが政府系金融機関はメインバンクになりえません。

【メインバンクの前提条件】

では、どうすればメインバンクを持てるのか。

メインバンクという概念は企業側から「当社のメインバンクは○○信金（信組）です」と宣言すればいいものではありません。むしろ金融機関側から「当信金（信組）は○○社様のメインバンクとして」という頼もしい認識・自覚を持っていただかなければならないのです。

では、彼らにメインバンクとしての認識・自覚を持ってもらうにはどうすればよいのでしょか？　例を挙げるなら以下のような関係性を築けるか否かでしょう。

- 売上げの入金口座として利用している（お客様宛ての請求書にその金融機関の口座番号を書く）
- 固定費の支払口座として利用している（水道光熱費や税金、給与の支払いなど）
- 担当者（ないし支店長や課長）と定期的なリレーションが取れている
- 政府系金融機関やリースの返済口座として利用している
- 毎月一定額の積立契約をしている（定期積金や賞与・消費税納税分の積立てなど）
- 総借入残高のシェアのトップである（つきあいのある銀行のなかで一番借入れがある）
- 本社や社長の自宅などの取得ローンをその信金・信組で組んでいる
- 社長世帯の預金資産がその信金・信組に集約されている
- 社長自身やその両親世帯の年金受取口座に指定している
- 金融機関主催の○○会のメンバーである　など

このなかでは、特に上に記載している項目について、金融機関は意識しています。勘のいい方ならお気づきかもしれませんが、前段で政府系金融機関がメインになりえないといった理由は民間金融機関を補完する役割だからです。前提として民間のメインバンクがまずあり、民間ではやれない部分を補完するのが政府系金融機関です。

【メインバンクを作る意味】

銀行は、よく皮肉を込めて「晴れの日に傘を貸し、雨の日に取り上げる」といわれます。

以前、メイン（だと社長は思っていた）金融機関から追加融資に難色を示されたという相談がありました。でも、話を聞いてみると、売上入金も支払いも年金も違う銀行を指定し、担当者とのリレーションは集金に来る際に「会ってはいるけど、しっかり話ができていない」程度でした。

確かに保証協会付き融資をその信金・信組のみから借りていたとしても、これでは金融機関側からメインバンクとして認識してもらえず、雨の日に傘を貸してもらえなかったのです。

金融機関側が大雨の日に限られた傘を貸す際に「自行がメインバンクか否か」は大きな尺度となります。

恐慌や自然災害などの外的要因で資金繰りが苦しくなることは当然あります。そんなときに助けてくれる金融機関の確保は、企業経営をするうえで最低限のリスクマネジメントといえるでしょう。メインバンクを作る（＝金融機関にメインバンクだと認識してもらう）責任は経営者にしか負えません。

事業再構築補助金など、補助金の種類や応募金額によっては、メインバンクの財務状態の確認を求めるものもあります。こうしたときにも、メインバンクがない状態だと、立ち回りにくくなります。

これを機に、自社にメインバンクはあるのか、ないならばどの金融機関がよいのか確かめてみてください。

補助金で活用すべき融資にはこんなものがある

事業再構築補助金やものづくり補助金など、設備投資系の融資を考えた場合、融資を含めた計画全体の資金繰り、資金計画の設計が大変重要となります。

補助金の合否についても、審査上、非常に重要なポイントです。なぜなら、国費など公金を投じて応援する事業が、途中で頓挫してしまうようなことがあれば、問題だからです。実際に、補助金の審査が通り、いざ事業を展開するときに資金が足りなくなれば困ってしまいますよね。

そこで、**資金計画を立てる際には、融資の可能性について、専門家を交えて一緒に検討しておくことをおすすめします。**

補助金の受給を狙ったときに検討しうる融資の種類には、以下のようなものがあります。

①つなぎ融資

補助金の場合はつなぎ融資を使うのが一般的です。

つなぎ融資とは、補助金が入ってくるまでに先に支払いする分について借入れを行い、補助金が入ったらすぐに返済する方法です。

例えば、1,000万円の補助金を受ける場合、税込み1,650万円を先に払って後から1,000万円が入ってきます。1,000万円については、つなぎ融資として借入れします。残る650万円については、自己資金で賄うか、設備資金として金融機関から借り入れるか、どちらかを検討します。

つなぎ融資は、一般に民間金融機関が対応します。

②ＰＯファイナンス

ＰＯとはPurchase Order（注文書）の略です。ＰＯファイナンスとは、注文書の情報を電子記録債権化し、それを担保に融資が受けられる仕組みです。

電子記録債権は、手形・指名債権（売掛債権等）を電子的に記録・管理する金銭債権です。電子記録債権の発生・譲渡は、電子債権記録機関の記録原簿に電子記録することで効力が発生します。

この仕組みを補助金のつなぎ融資に活用します。交付決定通知書をＰＯとして電子記録債権化し、融資を受けるのです。通常のつなぎ融資に比べて手続きが早いというメリットがあります。

ＰＯファイナンスは、一般に民間金融機関が対応します。

③長期の設備資金

補助事業で導入する設備ですが、通常の設備投資と同様に長期資金（返済期間が１年以上の融資）として融資を受ける方法があります。満額を設備資金として長期融資を受ける方法です。

例えば、先のつなぎ融資のところでの例でみると、税込み1,650万円の設備を導入する場合、満額を長期で融資を借り入れます。補助金があとから1,000万円戻ってきますが、戻ってきたとしても長期の設備資金の場合は必ずしも返済に回す必要はありません。

長期の設備資金は民間金融機関の他、日本政策金融公庫でも対応しています。

④新型コロナウイルス感染症特別貸付

新型コロナウイルス感染症特別貸付とは、政府系金融機関の日本政策金融公庫が行う融資制度です。新型コロナウイルス感染症による影響を受け業況が悪化した事業者に対し、公庫は新型コロナウイルス感染症特別貸付による資金繰り支援を行っています。

この制度は売上減少に伴う赤字補填の意味合いが強いので、大半は運転資金として融資されますが、コロナの影響により必要な設備投資として認められれば設備資金としても融資が受けられます。

⑤新型コロナウイルス感染症対応融資（伴走全国）

新型コロナウイルス感染症により、事業活動に影響を受けている中小企業者および組合の資金繰りの円滑化を図るとともに、金融機関が中小企業に対して継続的な伴走型の支援を実施することにより、中小企業者等の経営の安定化および生産性の向上等を図ることを目的とした融資制度です。

この制度は、国の全国統一の保証制度です。民間金融機関が信用保証協会の保証を付けて融資します。運転資金の他、設備資金も対応しています。

⑥新型コロナ対策資本性劣後ローン

2020年にできた新しい融資制度です。日本政策金融公庫および商工中金等において、新型コロナウイルス感染症の影響により、キャッシュフローが不足するスタートアップ企業や、一時的に財務状況が悪化し企業再建に取り組む持続可能な企業に対し、長期間元本返済がなく、民間金融機関が自己資本とみなすことができる資本性劣後ローンを供給することで、民間金融機関や投資家からの円滑な金融支援を促しつつ、事業の成長・継続を支援します。

- 主な貸付上限　貸付限度：中小企業事業・商工中金7.2億円（別枠）
  国民生活事業7,200万円（別枠）
- 貸付期間：５年１か月、10年、20年（期限一括償還）
  ※５年を超えれば期限前弁済可能
- 貸付利率：当初３年間一律、４年目以降は直近決算の業績に応じて変動

	当初３年間および４年目以降赤字	４年目以降黒字	
		５年１か月・10年	20年
公庫中小企業事業・商工中金・公庫国民生活事業	0.5%	2.6%	2.95%

■劣後ローン　活用事例　石川県・温泉旅館U社

（客室数50室／全プラン宿泊と朝夕食事の提供／平均客単価8,000円／ピーク時の年商３億円／取締役：５名／従業員数：45名）

石川県の有名温泉街にある、創業150年の老舗温泉旅館です。湯治場として栄え、古くは著名な文豪や政財界のトップも多く利用していました。老舗旅館のよい雰囲気を味わおうと個人客の利用が多かったのですが、近年は家族連れや団体の利用が多くなっています。

•新型コロナウイルス感染症の影響

旅館U社は新型コロナウイルス感染症拡大の影響を大きく受けています。初回の緊急事態宣言の際は、売上高が前年比90％以上減少と壊滅的な打撃を受けました。

雇用調整助成金や持続化給付金などを政府の施策を利用しましたが、固定費のほんの足しにしかなりません。Go Toトラベルにより一時稼働率が改善したものの、さらなる緊急事態宣言により、また売上げが低迷しています。政府系金融機関やコロナ向け保証を活用し、なんとか借入れで資金繰りをつないでいますが、予断を許さない状況が続いています。

•決算分析

U社の決算をみてみましょう。2020年は新型コロナウイルス感染症拡大の影響が直撃し、例年に比べて３割程度の売上げとなりました。

固定費として重いのは人件費です。雇用調整助成金や持続化給付金など活用した施策は営業外利益に入っています。これまで堅実な経営を行ってきたため、金融機関からの借入れは3,000万円程度でしたが、今回コロナ融資を大きく借りて資金をつないだため、債務超過となりました。

土地と建物は自社で所有しています。建物や器具備品の減価償却は、もうそろそろ終わるくらい長く使い込んでいます。また、土地は旅館の敷地以外に、近隣の山間に1,000坪の敷地があります。ここは、いま何も使っておらず、遊休地となっています。

•相談内容

アフターコロナになれば大きな需要回復が見込まれることはわかってい

るが、いつコロナが収束するかがまったくわからないなかで、事業や財務の方向性として、どのようにしていくべきか迷っています。

• 回答内容

コロナの影響で辛い状況が非常に続いています。いまだに収束がみえてきません。期待されるワクチンも、どの程度の効果が続くのか、疑問が残るところです。

売上げがコロナ前と比べて３割では、債務超過になるのも無理もないでしょう。一般に、債務超過になると金融機関からの追加の融資は受けづらくなります。コロナの影響でこのような状況になっているのは明白なので、金融機関の支援は制度上、できる限り受けられるでしょう。

• 資本性劣後ローン

このようななかで財務体質の改善を目指すのでしたら、資本性劣後ローンという融資制度も検討しましょう。

資本性劣後ローンとは、日本政策金融公庫が行っている融資制度で、一般的な借入れと違い、元金返済を約定期間内は行わなくてよく、約定返済日に一括償還する制度です。長期にわたり返済が猶予されることで資本金と同質性があるとみなされ、金融機関のスコアリング判定上、資本金とみなすことができます。

例えば、U社の場合、資本性劣後ローンで5,000万円調達できたとすると、5,000万円資本金が増資されたとみなし、自己資本が400万円となり、債務超過でなくなります。債務超過でなくなることで、民間金融機関も追加の融資に応じやすくなります。

この融資を利用する場合は、日本政策金融公庫だけでなく、民間金融機関の協力が必要になるため、メインバンクとよく相談されるとよいでしょう。

• 新規事業

積極策を採るならば、新規事業の構築も視野に入ってくるでしょう。当面、コロナ禍の業績回復が厳しいと判断するならば、新規に何か事業を行うことを考えるということです。その結果、経営の多角化につながり、何かあったときに持ちこたえられる体質に改善できる可能性があります。

新規事業を行う場合には、現在の経営資源全体に着目します。特に、利用可能なのに余っている経営資源に着目することがヒントとなります。

例えば、U社には山間に1,000坪の土地があります。この土地を使ってキャンプ場を行う案などがあります。

せっかく余っている土地です。3密回避もできますし、昨今のキャンプブームに乗ることもできるでしょう。これまで遊ばせていた資源がお金を生み出すのです。

国がこうしたことの支援のために、予算1兆円超、1社当たり最大1億円という事業再構築補助金の募集を開始しています。これをうまく使えば、設備投資や販促などの費用の3分の2（場合によっては4分の3）最高1億円の補助が受けられます。国の支援制度も上手に活用し、新規事業も検討してみましょう。

損益計算書　2021年　単位：千円

売上高	92,000
売上原価	9,000
売上総利益	83,000
販管費	189,500
役員報酬	47,000
人件費	132,500
減価償却費	3,000
その他	7,000
営業利益	-106,500
営業外利益	55,000
営業外費用	620
経常利益	-52,120
法人税等	70
当期純利益	-52,190

貸借対照表　2021年

単位：千円

流動資産	21,000	流動負債	69,000
現預金	15,000	買掛金	30,000
売掛金	5,500	未払金	20,000
棚卸資産	500	短期借入金	19,000
固定資産	122,000	固定負債	120,000
土地	60,000	長期借入金	120,000
建物	250,000	純資産	-46,000
器具備品	52,000	資本金	3,000
減価償却累計額	-240,000	利益剰余金	-49,000
資産計	143,000	負債・純資産計	143,000

資本性劣後ローン5,000万円を入れた場合の貸借対照表イメージ

貸借対照表

単位：千円

流動資産	71,000	流動負債	69,000
現預金	65,000	買掛金	30,000
売掛金	5,500	未払金	20,000
棚卸資産	500	短期借入金	19,000
固定資産	122,000	固定負債	170,000
土地	60,000	長期借入金	120,000
建物	250,000	劣後ローン	50,000
器具備品	52,000	純資産	-46,000
減価償却累計額	-240,000	資本金	3,000
		利益剰余金	-49,000
資産計	193,000	負債・純資産計	193,000

会計上は債務超過だが、劣後ローンを入れることにより、金融機関の評価上、純資産が4,000千円プラスになり債務超過が解消される。

コラム

事業再構築補助金と融資との関係（補助金とつなぎ融資、設備資金）

東京都新宿区にある創業９年目のシステム受託開発会社のＰ社。受託開発ではありますが、いわゆるＳＥＳという客先常駐型でエンジニアを送り込み、開発プロジェクトに参加させる受託形態です。

発注元とは準委任契約であり、特定成果物の完成に基づく請負契約ではありません。現在正社員５名と外部のエンジニア５名の計10名のエンジニアが客先に常駐し、プロジェクトに参加しています。

Ｐ社の代表M氏は、大学卒業後、銀行系システムインテグレーターに勤務し、エンジニアとして系列会社の金融系システムの開発に従事しました。

その後、中堅のソフトウェア開発会社に転職し、営業として受託開発の仕事を受注してきました。案件の多くはＳＥＳ形態の仕事でした。前職から含め10年以上の経験してきており、人脈も多く築き上げてきたため、独立することを決意し、Ｐ社を立ち上げました。

まったく同じ業種での起業だったため、これまでの人脈から仕事が舞い込み、順調に経営を進めることができていました。

システム開発業界では、慢性的な人手不足の影響で、新型コロナウイルス感染症拡大で多くの産業が打撃を受けるなか、Ｐ社は影響をほとんど受けることなく、むしろエンジニア需要は活況なため、採用さえできれば、売上げはいくらでも上げられる状況です。

・決算分析

Ｐ社の決算をみてみましょう。これまで順調に売上げを上げてきました。今後も安定した受注が見込めています。損益計算書では営業利益に着目してください。75,000千円の売上げがあるにもかかわらず、営業利益がわずか500千円しか出ていません。

M氏に聞いてみると、外注エンジニアの採用単価が上昇しているにもかかわらず、顧客への提供単価は上げられていないため、非常に薄利なことがわかりました。どんなにがんばっても15%（平均10%）の粗利しか取れないということでした。これでは多くのエンジニアを出さなければ利益を出すこともままならない状況です。原価構造と事業構造の見直しが課題です。

解決策①　エンジニアの内製化

外部のエンジニアを採用していては10%の粗利しか取れず、利益を残せる財務体質になりません。

一方、社員はどうかというと、平均して50%の利益が確保できているようです。社員のほうが、外部エンジニアに比べ、コストを低く抑えることができているためです。

今後の方向性としてはエンジニアを正社員として採用・育成する内製化を進めたほうがよいでしょう。

経験者の採用も進めますが、経験者はコストが高く採用条件がなかなか合いません。そこで未経験者に着目します。最近は自費でプログラミングスクールに通って、エンジニアを目指す人が増えています。

そのようなやる気のある未経験者を採用し、自社で3か月間みっちり研修してから、プロジェクトに送り込むことにします。

自費でスクールに通う人材もいることを考えると、研修をE社負担で行うことにより、採用できる余地は十分あります。研修後すぐに戦力にはならないため、早期に利益貢献にはつながりませんが、早ければ半年で利益に貢献できる人材にすることが期待できます。

解決策②　新規事業の展開

新規事業として自社サービスの展開を検討していきましょう。クラウドサービスは月数千円から数万円の売上げが一般的ですが、利用者数が多くなれば大きな売上げになります。

ポイントは、一度利用するサービスとして定着すれば、他社に切り替えられることはなかなかない点です。仮にやめられたとしても多数のなかの1社ですから、売上げに大きな影響はありません。

サービスが認知されるまでに時間がかかり、すぐに大きな売上げとはなりませんが、認知度が高まってくれば利用者も増え、売上げも逓増的に伸びていきます。

逓増的な売上げの伸びに対し、経費はそこまで大きく増えないので、利用者が増えることで大きな利益も獲得することができます。

幸いなことに、P社ではこれまで医療関係のシステム開発を多く受託した実績があり、ノウハウも豊富なため、サービスを開発することは十分可能です。

自社サービスの開発・展開には補助金を使うとよいでしょう。

事業再構築補助金を使えば、設備投資や販促などの費用の3分の2（場合によっては4分の3）最高1億円の補助が受けられます。

ものづくり補助金では、システム開発費用の3分の2、最高1,000万円の補助が受けられます。

新規事業を行う場合は借入れを検討しましょう。

例えば1,000万円の補助金を受ける場合、税込み1,650万円を先に払って後から1,000万円が入ってきます。1,650万円の資金を手許資金のみで支出するのは、いまのE社の財務状況では無理があります。

そこで金融機関からの借入れを打診します。

借入方法はさまざまですが、補助金の場合はつなぎ融資を使うのが一般的です。1,000万円については近々入ってくるのが見込めているので、つなぎ融資として1年以内に返済する短期で調達します。

残る650万円については、長期の設備資金として金融機関に相談します。「補助金を受給したはいいけど、キャッシュが厳しい」という状況は避けましょう。

内製化を進めることでコスト構造が改善し、利益の出る体質になります。利益体質になってくれば、新規事業も展開しやすくなります。うまく補助金制度も活用し、利益体質につながる新規事業を立ち上げます。

内製化と新規事業の両面で、さらなる成長発展へ舵を取っていきましょう。

損益計算書　2021年　　　　単位：千円

売上高	75,000
売上原価（外注費）	36,000
売上総利益	39,000
販管費	38,500
役員報酬	6,000
人件費	20,000
減価償却費	500
その他	12,000
営業利益	500
営業外利益	10
営業外費用	150
経常利益	360
法人税等	108
当期純利益	252

貸借対照表　2021年　　　　単位：千円

流動資産	14,200	流動負債	5,500
現預金	7,200	買掛金	3,000
売掛金	6,500	未払金	2,000
前払費用	500	短期借入金	500
固定資産	500	固定負債	5,000
器具備品	1,000	長期借入金	5,000
ソフトウェア	500	純資産	4,200
車両	3,000	資本金	3,000
減価償却累計額	-4,000	利益剰余金	1,200
資産計	14,700	負債・純資産計	14,700

コラム

新たに会社を立ち上げるという方法はアリか？

事業再構築をするにあたり、新会社を立ち上げてしまうという考え方もあります。その場合、税務、労務、許認可、融資、補助金など、さまざまなシーンで影響が出てきます。安易に判断せず、横断的に相談できる専門家に一度相談してみることをおすすめします。

5 金融機関は事業再構築をこうみている！

①何をみて融資の可否を決めるのか？

金融機関は過去の実績、すなわち決算書の内容や、これまでの取引実績を重視します。本業での実績が安定して好成績を残せているかや、融資残高、返済実績などの確認です。

次に、新規事業等の事業計画書を確認し、事業としての堅実さを確認します。これまでの事業規模から投資規模が適切か、借入希望額は大きくないか、計画通りの売上げが見込めるか、返済は問題なくできるかといった観点で審査してくるでしょう。また、投資規模と借入希望額を意識してみてくるでしょう。

②融資で障害になることは何か？

売上規模に対し融資残高が多い場合には、追加での融資に消極的な判断をせざるを得ないでしょう。

新規事業等が既存事業との関連性が低い場合、どのように関連性を補完するのか気になるところです。縮小・撤退される場合はとても気にしてきて、なぜ既存事業を縮小または撤退するのかを問うでしょう。そこで明確な理由が述べられないと、難しい対応となるでしょう。

③金融機関からみて、これら融資で有利になる要素には何があるか？

既存事業と関連性がある事業のほうが安心材料とみてくれるでしょう。他行の動向も気になるところです。他行が前向きな場合は態度が軟化することが多いです。

保全をとれるかどうかもポイントです。信用保証協会の保証を付けることができるか、担保を入れてもらえるかなど、万が一融資したお金が返せなくなったとしても、しっかりと後ろ盾を確保しておけると積極的に進める可能性が高まります。

創業したばかりの会社は特別な扱いになる

まだ決算２期を終えていないような、創業したばかりの会社が事業再構築を考え、融資を検討する場合の考え方は、基本的に以下のような流れとなります。

①日本政策金融公庫での借入れが初めての場合

新創業融資制度（無担保・無保証人）などの融資制度を活用できないか、検討されることになります。

②すでに日本政策金融公庫で借入れをしたことがある場合

追加での融資が可能かどうか、以下のようなことを基準に判断されることになります。

1）返済計画通りに１年以上返済した
2）上記１）を満たしたうえで、借りた金額のうち、２～５割ほどは返済が進んだ

最低限１）を満たすまでは、次の融資は難しいというのが基本です。

では、それ以外ではどんなことをみられるでしょうか。

まずは、**既存事業についての当初の事業計画と比べての業績の達成度合い**をみられます。売上げが順調に伸びていたり、利益が順調に出ていたりすると検討してもらえます。

仮に順調にいっていなかったとしても、今後の事業の見通しが明るければ検討してもらえる可能性があります。

創業融資以降の代表者の信用面も重要です。クレジットカードやローンの支払いが滞りなく行われているか、ノンバンクやカードローンなどの高金利な借入れが増えていないかなどはチェックされます。ま

た貯金が進んでいたり、住宅を所有していたりする場合などは、プラス材料として評価されます。

他の金融機関の動向もみられます。他の金融機関も融資している場合は、新たに与信がついたということで評価されます。

ただし、他の金融機関も含めた全体的な借入額から月々の返済金額が過大にならないかを注視するため、他の金融機関が融資しているからといって、必ずしも融資してもらえるわけではありません。

つまり、現状プラス事業再構築を加味した状態の月々の利益水準で、今回の追加融資を含めた月々の返済額をまかなうことができるかが重要なポイントです。

また、**税金や社会保険の滞納がないか**もみられます。起業家が使う融資は大半が制度融資です。制度融資は国や自治体が関わっているものですから、税金や社会保険の滞納はご法度です。

さらには、**決算書の内容が適切か**どうかチェックされます。

例えば役員報酬は適切な金額が設定されているかどうか、役員や第三者への貸付けなど社外流出はないか、既存の借り入れ金額は適切かなどもチェックされます。

最後に覚えておきたいのが、**「取引振り」**です。

金融機関は企業の状況をつかんでおきたいと考えます。預金残高はもちろんのこと、売掛金の入金や給与振込みを自行で行ってくれたほうが安心ということになります。定期積金を始めるのもよいでしょう。

どこで口座開設するかも含め、日頃から将来の借入れを見越したうえで銀行取引を組み立てておくのが得策です。

③コロナ系の融資

上記のようなことに当てはまらない場合、コロナに関する救済系の融資であれば、融資が検討される可能性もあります。コロナ系の救済系の融資は上記の考え方とはまったく別の考え方をするからです。

いずれにしてもケースバイケースのため、一概にはいえません。

コラム

企業信用調査には丁寧に対応しよう

企業の信用調査では、帝国データバンクと東京商工リサーチの２社で国内の信用調査の９割ほどのシェアを握っています。

なかでも帝国データバンクは、新規取引先の調査の他にも、融資などの金融機関取引や、オフィス・店舗などの不動産賃貸取引においても評点が基準になるなど、企業の信用調査として重視されています。

決算が終わるたびに決算情報の開示を求める封書が届いたり、相手先企業が調査を依頼したりします。

こうしたことは煩わしいものですが、丁寧に対応しておくことが得策です。なぜなら、相手先企業を含め、これから関わる可能性がある企業や金融機関からの信用を得やすく、企業として活動しやすくできる可能性があるからです。

帝国データバンクが公表している調査報告書のサンプルをご覧ください。代表者や沿革など企業そのものの情報の他に、取引先、取引銀行などの情報、財務諸表の情報、現況と見通しなどの情報が掲載されています。

なかでも目を引く

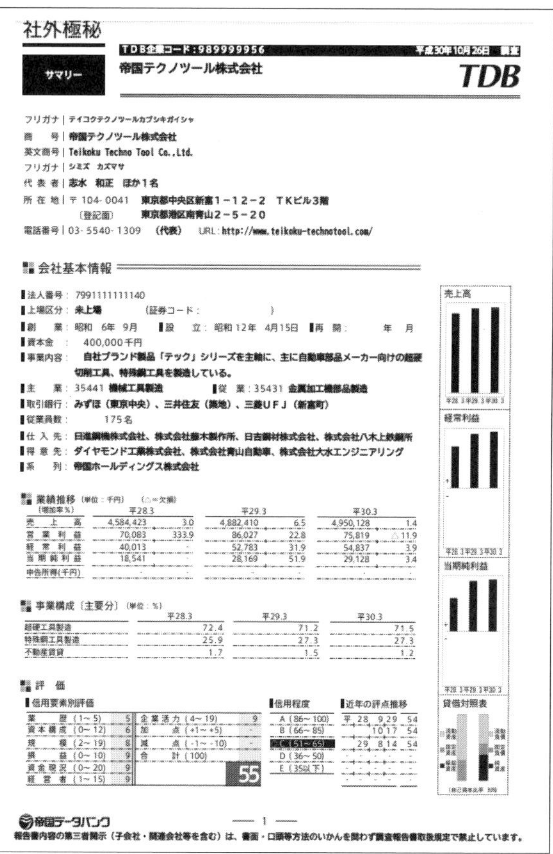
社外極秘

サマリー

TDB企業コード：989999956　平成30年10月26日　調査

帝国テクノツール株式会社

TDB

フリガナ｜テイコクテクノツールカブシキガイシャ
商　　号｜帝国テクノツール株式会社
英文商号｜Teikoku Techno Tool Co.,Ltd.
フリガナ｜シミズ　カズマサ
代 表 者｜志水　和正　ほか１名
所 在 地｜〒104-0041　東京都中央区新富１－１２－２　ＴＫビル３階
（登記面）　東京都港区南青山２－５－２０
電話番号｜03-5540-1309　（代表）　URL：http://www.teikoku-technotool.com/

会社基本情報

法人番号：7991111111140
上場区分：未上場　（証券コード：　　）
創　　業：昭和　6年　9月　設　　立：昭和12年　4月15日　再　　開：　　年　　月
資本金　：　400,000千円
事業内容：　自社ブランド製品「テック」シリーズを主軸に、主に自動車部品メーカー向けの超硬切削工具、特殊鋼工具を製造している。
主　　業：35441 機械工具製造　従　業：35431 金属加工機部品製造
取引銀行：みずほ（東京中央）、三井住友（築地）、三菱ＵＦＪ（新富町）
従業員数：　175名
仕 入 先：日進鋼機株式会社、株式会社藤木製作所、日吉鋼材株式会社、株式会社八木上鉄鋼所
得 意 先：ダイヤモンド工業株式会社、株式会社青山自動車、株式会社大水エンジニアリング
系　　列：帝国ホールディングス株式会社

業績推移（単位：千円）（△＝欠損）

（増加率％）	平28.3		平29.3		平30.3	
売上高	4,584,423	3.0	4,882,410	6.5	4,950,128	1.4
営業利益	70,083	333.9	86,027	22.8	75,819	△11.9
経常利益	40,013	-	52,783	31.9	54,837	3.9
当期純利益	18,541	-	28,169	51.9	29,128	3.4
申告所得（千円）	-	-	-	-	-	-

事業構成（主要分）（単位：％）

	平28.3	平29.3	平30.3
超硬工具製造	72.4	71.2	71.5
特殊鋼工具製造	25.9	27.3	27.3
不動産賃貸	1.7	1.5	1.2

評価

信用要素別評価

業歴（1～5）	5	企業活力（4～19）	9
資本構成（0～12）	6	加点（+1～+5）	-
規模（2～19）	8	減点（-1～-10）	-
損益（0～10）	9	合計（100）	
資金現況（0～20）	9		55
経営者（1～15）	9		

信用程度

A（86～100）
B（66～85）
C（51～65）
D（36～50）
E（35以下）

近年の評点推移

平28	9.29	54
	10.17	54
29	8.14	54
-	-	-
-	-	-
-	-	-

帝国データバンク　― 1 ―

報告書内容の第三者開示（子会社・関連会社等を含む）は、書面・口頭等方法のいかんを問わず調査報告書取扱規定で禁止しています。

出典：帝国データバンク「企業信用調査」パンフレット

のが評点の各項目、総合点。そしてＡ～Ｅまでの信用程度のどの位置にあるかです。この評点が大きなカギを握っています。

信用程度については、私なりの分析でさらに細分化してみました。表をご覧ください。

Ａランク86～100点というのは上場企業でもトヨタなどの超一流企業のみが属する非常に稀な企業。中小企業ではまず出せない評点です。

Ｂランク66～85点も同様ですが、抜群に優秀な中小企業であれば稀にあるかもしれません。そんなレベルです。

中小企業としては、Ｃランク51点～65点を目指す、どうにか51点以上を目指すのが、金融機関取引、不動産取引、大企業との取引において重要だといえるでしょう。

この51点～のＣランク以上の企業は、日本企業全体の約16％しかありません。まずはここを目指しましょう。

さらに、毎年の決算情報が優良で、業歴を重ねていけば、評点が上がっていく可能性はあります。

では、経営者としてどのように対応していけばよいのでしょうか。

１つは業績を上げることです。利益のみではなく、売上高や従業員数など、規模も意識して会社経営を伸ばしていく、毎期黒字を積み重ねていく、といった地道な経営が必要です。

３期連続黒字、経常黒字5,000万円、従業員数増加、売上規模増加、自己資本増加などがあれば、次の本格調査時に評点がアップする可能性があります。節税よりも「よい決算を出して歯を食いしばって納税する」という意識が大切になります。

もう１つは、経営者、企業活力といった、調査員個人の見解でしかない「定性評価」の項目を上げることです。

そのためには、調査員とはできるかぎり仲よくすること、調査が入ったら、事前にどのように説明をするかシミュレーションをし、丁寧にプレゼンをするという気持ちで臨むことです。

■信用要素別評価

業歴	(1〜5)	5	企業活力	(4〜19)	9
資本構成	(0〜12)	6	加点	(+1〜+5)	−
規模	(2〜19)	8	減点	(-1〜-10)	−
損益	(0〜20)	9	合計	(100)	
資金現況	(0〜20)	9		55	
経営者	(1〜15)	9			

■信用程度（筆者なりに細分化したもの）

A	(86〜100)	超一流企業。一流企業。そもそも中小企業がこのゾーンの評価を得るのは難しい
B	(66〜85)	一流企業。中小企業では稀
C	(51〜65)	中小企業として優良企業のゾーン
C1	61〜65	社歴も含めかなりの優良企業
C2	56〜60	中小企業としては経常的に黒字かつ財務的に安定
C3	51〜55	中小企業としては優良で経常的に黒字。ただし、社歴が浅い、規模が小さいなどの事情あり
D	(36〜50)	中小企業としては平均以下レベル
D1		中小企業のなかでは比較的優良な会社
D2		多くの中小企業が含まれる平均的なところ
D3		赤字などで銀行借入れが難しい
D4		取引には注意が必要
E	(35以下)	

コラム

借入れの意味

「これまで無借金経営にこだわってきた」という方もおられると思います。「借金をしてまで事業をしたくない」「返済の心理的負担が大き過ぎる」など、借入れしない理由は納得できますが、本当にそれでよいのでしょうか。

自己資金内だけでの事業であれば、事業規模もその範囲になります。小売業であれば、よい立地、よい店舗の確保が難しくなります。卸売業、サービス業ならば、取引条件が不利になったり、取扱規模を縮小させられたりすることになります。

つまり、自分がやりたいことを十分にできる環境にするために、資金力を潤沢にすることが事業にプラスなのです。

さらに、補助金や助成金などの基本的に返済不要な資金を組み合わせることで、リスクを減らした挑戦や、返済負担を和らげることが可能となります。

「借入れをしておく」ということには、別の重要な意味があります。金融機関から借入れをして、返済実績を作っておくことです。金融機関と安定した取引実績があれば、本当に資金繰りが困ったときに、気軽に相談ができます。金融機関は融資先を簡単には見放すことはしません。

さらには、今後の事業が計画通り、順調に推移したときに追加の資金が必要になります。増加運転資金、新店舗開設資金等々に対応するためにも、金融機関は重要な位置づけです。ここで、取引金融機関での実績がものをいいます。さらに、その事実を他の金融機関へもアピールできるのです。「誘い水」効果ともいいます。

もう十分に借入れをしていて、「これ以上の借入れをすることは将来の返済負担が不安」という方もいらっしゃるかもしれません。ただ、経営で一番大事なのは手元キャッシュを切らさないことです。逆にいえば、手元キャッシュがなくなってどうにもならなくなったら終わりなのです。

経営していれば、いろいろなアクシデントに遭遇しますが、資金力があると思えば安心でき、事業の展開の幅が広がることは間違いないです。

社員・顧客は経営者の顔を見ています。自信のある、明るい顔でいるためにも、資金にゆとりを持ちましょう。数％の金利までの資金であれば借りられるだけ借りてしまいましょう。「備えあれば憂いなし」です。いままで無借金で経営してきたという方も、これを機に借入れを検討してみてはいかがでしょうか。

第8章

実行計画・個別ケース

1 実行スケジュールを組んでみよう

事業計画書の作成や、融資、補助金等の財務関連の構想が固まったら、実際の事業開始に向けて実行スケジュールを必ず組みましょう。

というのも、物件申込み、物件契約、機器導入やシステム開発の契約や支払い、ウェブ制作、許認可申請、融資申請、補助金申請などが相互に絡み合い、なかには前後してはならない部分もあるからです。

■ 事業スケジュール

	日程	3月	4月	5月	6月	7月
項目	事業	★物件賃貸借申込み		★物件本契約	仕入先、産地挨拶	
	プロモーション					オープンチラシ作成
	届出・許認可					
	人事労務					採用活動
	財務		★補助金申請	★補助金採択		

注意したいのは、許認可、補助金・助成金、融資が絡むケースです。特に、店舗を前提としたビジネスモデルの場合、事業再構築補助金では補助金の申請段階で、すでに物件を先に用意する（仮申込み程度まで進んでいる）ことが要求されています。

逆に、他の補助金では先に手をつけてしまうと対象外になるものも多くあります。

融資についても同様です。融資実行後に支払う必要のある経費もあります。許認可が進んでいないと融資の実行ができない可能性もあります。

	8月	9月	10月	11月	12月	1月	2月
→	内装等工事 →						
→	M常連客への挨拶状送付 ↔	9/30 オープン前告知（Web）↔ 9/15〜9/30 オープンチラシ配布 ↔ →	★ 10/1 オープン	通勤時チラシ配布 →	→	→	→
		→		ＳＥＯ対策、リスティング広告運用 →	→	→	→
		飲食業許可 ↔					
→	オープン前研修 →	※9/15 社員22名、アルバイト4名採用	★工事代金支払い				
	★融資実行	★借入申込み ↔		人件費支払開始 →	→	→	→
→	店舗賃料支払開始 →	→	→	→	→	→	→
				仕入費用支払開始 →	→	→	→
			売上入金開始 →	→	→	→	→

2 認定支援機関が必要なワケ

経済産業省系の補助金や各種経営支援制度では、認定支援機関の支援や確認を必須とするものが多くなっています。また、固定資産税の減免など、税制においても認定支援機関の支援を受ければ、経営上、有利になる制度も数多く設けられています。

特に、事業再構築補助金では制度上、認定支援機関の支援が必須と位置づけられ、採択されるかどうかは、**どの認定支援機関を選び、何の支援を受けるのか、どんな事業計画書を一緒に作るのかがポイント**です。

認定支援機関とは、正式には「経営革新等支援機関」といいます。中小企業・小規模事業者が安心して経営相談等を受けるために、専門知識や実務経験が一定レベル以上の個人や団体に対し、国（経済産業省）が認定する支援機関です。2021年６月現在、全国で37,000機関を超えています。

士業や金融機関などが認定支援機関として登録していますが、あまりにも数が多く、どこを頼っていいか、迷うケースも多いと思います。よい認定支援機関を探すコツについて、分野別にみていきましょう。

①税理士

税理士は経営者にとって、最も身近な経営の相談相手ではないでしょうか？　特に顧問税理士は普段から気心知れた仲であり、経営者自身の考え方や思考の裏の裏まで知り尽くした存在かもしれません。

中小企業経営者にとって、税理士とはそのような存在ですから、認

コラム

誰に何を相談するかを決めるのは最重要ポイント

事業再構築を実現させるための手続きはかなり複雑になるため、税理士、社会保険労務士、行政書士、中小企業診断士など、各ジャンルの専門家が一堂に会する場面で意見を集約し、進めていくことが最善といえます。

手続きや書類作成というよりも、コンサルティング的な要素が強い内容です。誰に何を相談するかで、得られる成果がかなり違ってきます。

このことについては義理人情に流されることなく、会社の将来を見据えて改めて検討してみましょう。

定支援機関制度ができた当初から、登録についても優遇されています。税理士、公認会計士、弁護士については、経営革新等の支援経験がなくても、申請すれば無条件で登録できる制度となっています（後に中小企業診断士も同様に改正）。

つまり、**認定支援機関として登録されていることと、経営革新や補助金支援のノウハウ、経験があるかないかは必ずしも一致していない**ということです。

数字のプロである税理士ですが、認定支援機関に登録したものの、それらの業務をやったことがないというケースも多くなっています。

なんといっても、通常の税理士の本業は会計や税務申告であり、補助金などの支援ではないのですから、当然といえば当然です。確定申告や年末調整などの繁忙期に重なれば、なおさらのことです。

その通常の業務範囲を超越して、経営支援に取り組もうとして認定支援機関になった税理士だけが例外だと認識すれば、間違いないと思います。

②中小企業診断士

中小企業診断士は、国が認定した唯一のコンサルタント資格であり、経営支援専門の士業だといえます。役所などの相談窓口でおなじみかもしれません。認定支援機関として登録する人も多く、補助金などの支援でも能力を発揮しています。

顧問税理士とは違い、顧問形式で企業に密着して経営支援をするケースは少なく、どちらかというと**スポット支援が中心**という仕事内容です。

③その他の士業

弁護士や社会保険労務士、行政書士などでも、認定支援機関として登録している場合があります。

ただし、やはり専門分野は法律や労務であり、数字に関する仕事が本業ではない場合も多くあります。実力はその人次第だといえるでしょう。

④金融機関

言わずもがなですが、金融機関はあくまで金融機関です。認定支援機関として期待する場合、上記の士業系に比べれば、対応してくれる時間も含め、コンサルティング機能については限界があるのは間違いないでしょう。

3 認定支援機関選びにはこんなコツがある

事業再構築補助金などで認定支援機関を選ぶ際、探し方には一定のコツがあります。

①実力やフィーリング

経営は人だといいますが、どんな士業やコンサルタントを味方につけるかで成果は大きく違ってきます。しかも、人間同士ですから、相性や信頼関係が重要です。そこで、最初にしたいのは**電話での対応や無料相談で実際に話を聞いてみる**ことです。

そのなかで、信頼できる人間か、過去の実力はどんなものがあるのか、経験やノウハウはどうやって身につけてきたのか、コミュニケーションはとりやすいかなど、総合的に判断することをおすすめしています。

「事務所自体がどこにあるのか」「どんなオフィスを構えているのか」「社内にどんな人材を抱えているのか」なども実力や信用を判断する材料になるでしょう。

なお、Zoomなどが発達した現在においては、場所の概念はほとんど関係なくなったといえます。地元に限らず、日本全国、どこのプロに相談してもかまわないといえるでしょう。

実際、弊社でも全国の経営者さんから相談（顧問契約や補助金・助成金などの総合的なスポット相談）を受け、各地のクライアントを全力で支援しています。

②支援件数

過去にどのような補助金で何件の支援件数、採択件数があるのか、

必ず聞きましょう。

支援実績の数でわかることは２つあります。

１つは、補助金の支援にどれだけチカラを入れて取り組んでいるかです。結局のところ、次々に新しい補助金が出てくるものなので、過去にさまざまな補助金の支援を行ってきて、そのノウハウを蓄積しているかどうかが非常に重要となるからです。

もう１つは、キャパシティです。事業再構築補助金のように爆発的に人気の出る補助金が公募された場合、支援できる認定支援機関の数が不足しています。

そのなかで、社内の支援キャパシティがどれだけあるか、過去の実績をみれば明らかになるわけです。

例えば、

- 事業再構築補助金　30件
- ものづくり補助金　50件
- 小規模事業者持続化補助金　100件
- ＩＴ導入補助金　200件
- 創業補助金　100件

などです。

③採択率

次に、それぞれの補助金で平均採択率がどのくらいか聞きましょう。

例えば、

- 事業再構築補助金　50%
- ものづくり補助金　40%
- 小規模事業者持続化補助金　60%
- ＩＴ導入補助金　80%
- 創業補助金　60%

などです。

いくら多くの支援実績があるといっても、最終的に重要なのは採択率であり、**採択率が少なくとも平均を上回っているかがポイント**となります。採択率を話そうとしない認定支援機関があるかもしれませんが、支援ノウハウに自信があるなら答えてくれるはずです。

④コスト（報酬）

支援をお願いしたいと思ったときは報酬体系などの費用を確認しましょう。**着手金はいくらで、成功報酬がいくら、どの時点でどんな金額を支払うことになるのか、もし不採択になった場合どのようになるのか**などです。

なかには法外な成功報酬を要求して問題になっているケースもあります。士業（プロ）として、自分の仕事に自信やプライドを持っているのと同時に、報酬を取り過ぎないように「矜持（きょうじ）」を持って、誠実にプロとしての金銭感覚を持っているかも、とても重要なチェックポイントです。

⑤アフターフォロー（伴走支援）

ここは一番大切なところです。成功報酬といっても、「お金をもらって、はい！　さようなら」というのは認定支援機関の趣旨に反します。

本来、認定支援機関の役割は、補助金などの対象となっている事業について、伴走支援をして見守る、アドバイスを続けるというものです。ここをよく確認するようにしてください。

特に、**補助金を受給した後５年などの長期にわたって行う必要のある「実績報告」などでアドバイスをしてくれるのか、別料金なのか**などは重要なチェックポイントです。

弊社の場合、成功報酬部分には、実績報告でのアドバイス業務などが報酬に含まれているという考え方のもと、採択を受けた後も長期にわたって支援を続ける体制をつくっています。

4 融資や資金繰りも同時に相談できるところがベスト

補助金の特徴の１つが「先に投資が必要で、お金はあとで入ってくる」ということ。つまり、資金調達や資金繰りと補助金の事業計画は密接に結びついているのです。

この点を考えると、事業再構築補助金やものづくり補助金など、事業での設備投資金額や受給金額が大きい傾向にある補助金の場合、つなぎ融資や設備資金融資を、どのように調達するかが非常に重要な検討要素になります。

「補助金には採択されたけど、資金調達や資金繰りのことはまったく考慮していなかった」というのでは本末転倒であり、経営全体にかえって大きな影を落としかねません。

この点、認定支援機関選びにおいても、十分な対応ができる機関かどうかをよく確認しましょう。

さらに、事業再構築補助金では、公募要領内の「審査項目・加点項目」のページに、「金融機関等からの十分な資金の調達が見込めるか」とあります。懇意にしている金融機関があるかないかで、採択される可能性が大きく変わるということです。

採択結果をみても、これは明らかです。日頃からメインバンクなど懇意にする金融機関がない場合、近隣の金融機関支店に行って、いきなり「事業再構築補助金を申請するので、採択された際は融資をお願いします」と依頼しても、絶対に断られるでしょう。

採択される可能性を高めるためにも、**あらかじめ金融機関とよい関係を構築しておく必要がある**のです。

その観点でも、金融機関の紹介や上手なつきあい方などをアドバイスできる認定支援機関を選ぶことが重要なポイントになります。

5 顧問税理士や顧問社労士の見直しも考えてみる

241ページのコラムで後述しますが、事業再構築補助金の採択結果を分析してみると、認定支援機関である税理士の存在が大きいことが読み取れます。

また、新型コロナウイルス感染症の拡大という有事を経て、相談先である顧問税理士や顧問社会保険労務士について、小規模企業、中小企業各社で見直しを行ったという声を聞きます。

その理解を挙げると、「有事の業務体制に問題があった（連絡がつかない、書類の受け渡しができない）」「書類準備などの対応が遅い」「融資・補助金・助成金・給付金・支援金などの相談ができない」「コミュニケーションが取りづらい」などになります。

特に、コロナ禍のような有事下では、単に手続きをするだけではなく、**融資や補助金・助成金に精通し、積極的にアドバイスや提案をしてくれるか**が、企業の存続にとって非常に重要だと痛感した方も多かったということでしょう。

さらには、提案をしてくれないばかりか、むしろ、「融資は借りないほうがいい」「銀行に聞いたほうがいい」「補助金や助成金などはやらないほうがいい」といった、現状維持をベストとする消極的なアドバイスによって、結果的に経営自体が伸び悩み、企業の成長を阻害する要因になっている場合も見受けられます。

そうした対応をされたのも無理はありません。税理士や社会保険労務士は、１人ひとり経験してきたことや能力も違えば、価値観も性格も違うからです。

ただ、単に「報酬が安いから」とか、「知り合いが紹介してくれたから」とか、そうしたことで契約していたとしたら、有事の際にともに乗り越えられるかどうか、わかりません。
また、家電のように価格比較サイトで比べられるものではないうえ、すべて同じ品質（腕やクオリティ、業務範囲など）が保証されているというわけでもありません。
ぜひ、これを機に過去の対応を振り返ってみてください。

その他、経理のクラウド化や電子申請、ＤＸ化など、経営を取り巻く環境は、どんどん効率化、電子化の方向へと向かっています。
こうしたことに顧問税理士が対応できているかも大きなポイントといえます。
変化の激しい世の中です。情報をいち早く仕入れた経営者が勝つ、そんな時代になってきたともいえるでしょう。
経理をいち早く終わらせて業績をみて経営判断する、売上げの落ち込み度合いをみて補助金や支援金の対象になっているか確認するなど、会計情報を顧問税理士とリアルタイムに近い状態で共有できているかどうかが必要とされます。
こうしたことに現在の顧問税理士が対応できているか、気をつかってくれているか——、そのような視点も持つべきです。
もし、完全に時代遅れになってしまっている場合は、思い切って顧問税理士を変更する選択肢もあるでしょう。

顧問税理士＋α（アルファ）という考え方もアリ

「コロナ禍で、自社の顧問税理士が頼りないことがわかった。ただ、そうはいっても、先代社長からのつきあいだから変えられない……」、相談を受けた経営者から、そうした声を聞くことはよくあります。いわゆる「しがらみ」です。

そんな場合、**財務や補助金、経営コンサルタントに関する部分は、セカンドオピニオンとして、別の税理士に顧問に入ってもらう**という手もあります。

あるいは、既存税理士等はそのままで、さらに**プラスアルファとして財務系のコンサルタントや中小企業診断士とつきあう**手もあるでしょう。「認定支援機関として入ってもらう税理士などは別に用意する」という考え方です。

著者の事務所でも、税理士法人とは別法人のコンサルタント会社でこのような支援を行っており、既存の顧問税理士の目を気にすることなく、スポット支援が受けられる体制を整えています。

いずれにしても、顧問税理士や顧問社労士は中小企業の経営に大きな影響を与えます。最新情報を教えてくれるか、積極的な提案はあるか、経理などの生産性は高いか、データ活用や共有がうまくできているかなど、誰が税理士、社労士になるかで違ってくることは山ほどあるのです。それをどう補うか、ぜひ、これを機に考えてみてください。

コラム

餅は餅屋

各種のツールが発達し、何でも自社でこなせばコストがかからない時代ともいえます。ただ、逆に経営効率を落とす原因にもなり注意が必要です。

経済学の基本原則「比較優位の原則」。それぞれの国が自国で得意とするものの生産に特化し、他は貿易によってまかなうことでより多くのものを得ることができる、全体の利益が高まるという考え方です。

つまり、国際貿易の理論であり、貿易を積極的に行えば、双方にとって利益があるという経済理論です。

これは小さな会社レベルでも同じこと。法律をイチから勉強するよりも弁護士を頼る、デザインをイチから勉強するよりもデザイナーに依頼するほうが効率的です。自分でできることでも、あえて外注することを意識してみましょう。結果として効率的な経営ができるはずです。

「餅は餅屋」

家庭に置き換えて考えてみれば、すぐにわかります。

都会の経営者が、家の庭で稲を植えて米を作り、牛を飼って牛乳を作る……、そんなことはまずしていないはずです。

米作りは農家に任せ、精米などの工程を経て流通した後にスーパーに並んだものを買う。牛乳作りは酪農家に任せ、ネットスーパーで買って届けてもらう。そのほうがはるかに効率的であり、安くて確実だからです。

ところが、会社経営になると、とたんに考え方が変わり、なんでも自社内で行おうとして、結果的に経営の効率や成長スピードを落としてしまいます。

経営が上手な人の周りには、常に各ジャンルの一流のスペシャリストがいる。そして、そうした優秀な周囲のメンバーが進んでよい提案をし、依頼者である経営者のために粉骨砕身、陰でがんばっている姿がある――。それに気づくかどうかではないでしょうか。

■特化したほうが効率は上がることを意識しよう

	A国	B国			A国	B国
農作物	得意 広い国土で少人数で大量生産できる	不得意 狭い国土で担い手も生産も少ない	→特化	農作物	特化 輸出を多くする	輸入を多くする
自動車	不得意 技術がなく生産効率が悪い。品質も悪く、台数も生産できない	得意 技術力が高く、少人数で高品質の製品が大量生産可能		自動車	輸入を多くする	特化 輸出を多くする

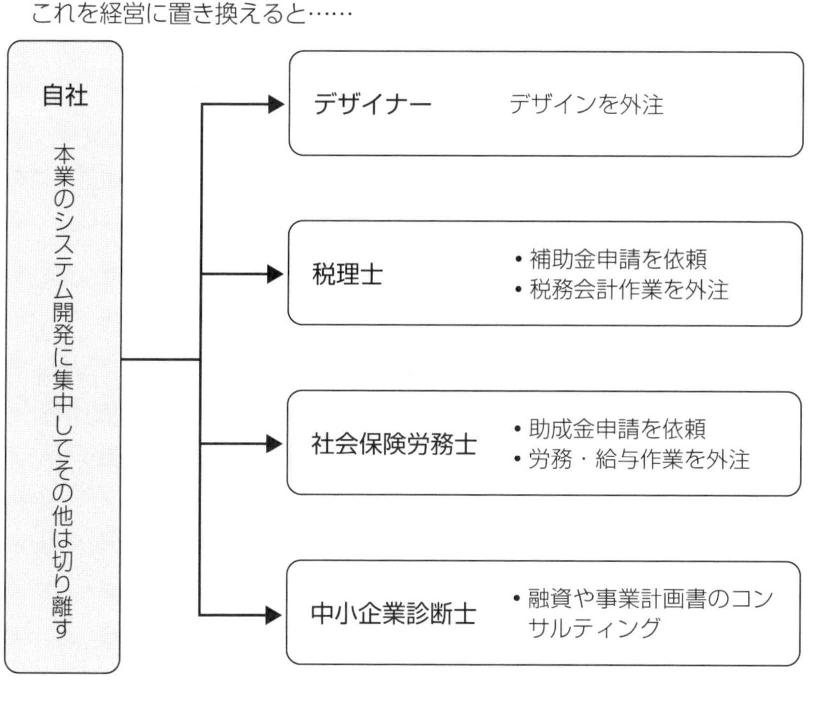

コラム

「下請け業者」「税理士を使う」はダメ

当たり前のことですが、経営は１人ではできません。

例えば、１人社長の会社だとしても、すべてを１人でまかなうことはムリです。少なくとも外部の業者さんの協力なくしては成り立ちません。

新しい事業を行うのであれば、このことを深く考えるきっかけとしたいところです。

社長になると、すぐに外注先の業者をアゴで使おうとする人が、なかにはいらっしゃいます。納期などでムリをさせたり、とても割にあわない価格までゴリゴリと安く値切ったり……。

そもそも「使う」という言葉も、気持ちも、口に出したり持ってはならないと思います。士業やコンサルタントに対しても、「税理士を使う」などといった表現を用いると損をすることばかりです。

私が修業時代に指導を受けていた、ある経営者の方からは、多くのことを学ぶことができました。一代で大成功を納めたカリスマ社長です。

その社長の前で、社員が「下請け業者」という言葉を使うと、ひどく叱られていました。「協力業者さん」であると。協力業者さんがいなければ、商売は成り立たないのだから、当然といえば当然です。逆に、協力業者さんのチカラをより借りることができれば、会社はどんどん発展するのです。

その社長は、言葉だけではなく、行動で示していました。日頃から感謝の言葉を欠かさないのはもちろんですが、それ以外に、１年に１回、協力業者さんを集めて、有名ホテルの大会場を借り切って大接待をしていたのです。

その日は社員総出で、準備をしてお酌をする。最大限に感謝を表す――。こうした会社が発展しないわけがないですよね。退職した社員までどんどんとお客様を紹介してくれるし、協力業者さんだって、どんどんと仕事の紹介、人脈の紹介などをしてくれたのは言うまでもありません。

付　録

必ず押さえておきたい代表的な補助金の基本

最後に巻末付録として、経済産業省系の主要な補助金の基本を解説します。これらの補助金は5年、10年という長期にわたり展開される可能性が高く、中小企業経営において〈基本中の基本〉ともいえるものです。

細かい要件については、年度ごと、募集回ごとに変化していくものなので、**ここでは各補助金の傾向をつかむために、あえて過去の事例を掲載しています。**最新情報については、経済産業省や中小企業庁のホームページで確認するか、専門家に相談して教えてもらうようにしてください。

必ず押さえておきたい補助金①
事業再構築補助金

事業再構築補助金とは、経済社会の変化に対応するため、新分野展開、業態転換、事業・業種転換、事業再編またはこれらの取組みを通じた規模の拡大等、思い切った事業再構築に取り組む企業を対象に、最大で１億円が支給される補助金です。

コラム

「国の予算」の基本を再確認しよう

国の補助金、助成金、融資などの施策は予算や法律に基づいて実施されます。その予算がいつ編成され、いつ国会の審議・承認を受けるかを正しく知っておくことで、今後の施策がどのタイミングで出てくるかが予測できるようになります。少なくとも、本予算、補正予算の違いを知っておくとよいでしょう。

①本予算

本予算は、会計年度（4月1日〜翌年3月31日）の財政計画に基づいて算出された年間予算のことです。1月に召集される通常国会の前半で政府予算案が国会へ提出され、審議を経て成立します。本予算は、3月末日までに成立するよう定められています。

②補正予算

当初予算成立後の何らかの事情変更によって、その予算に過不足が生じ、またその内容を変える必要がある場合に、当初成立した予算を変更するものです。本予算と同様、国会の承認を受けて成立します。

平時には秋から冬頃に景気対策などで１回編成されることが多いのですが、自然災害や今回の新型コロナ感染症など、経済に与えるインパクトが大きいできごとが起こった場合、複数回、編成されることがあります。令和２年（2020年）度については、すでに１次補正予算、２次補正予算、３次補正予算と、３回も多額の補正予算が組まれています。

■ 事業再構築補助金の概要

<table>
<tr><th>項　目</th><th colspan="3">内　容</th></tr>
<tr><td>受付期間</td><td>年５回程度、公募</td><td>申請先</td><td>中小企業庁</td></tr>
<tr><td>対象者</td><td colspan="3">中堅企業、中小企業および個人事業主</td></tr>
<tr><td>補助対象経費</td><td colspan="3">▼主要経費
建物費（建物の建築・改修に要する経費）、建物撤去費、設備費、システム購入費、リース費
▼関連経費
・外注費（製品開発に要する加工、設計等）、技術導入費（知的財産権導入にかかる経費）
・研修費（教育訓練費等）、広告宣伝費・販売促進費（広告作成、媒体掲載、展示会出展等）、クラウドサービス費、専門家経費</td></tr>
<tr><td>補助金額・補助率</td><td colspan="3">▼通常枠
＜補助金額＞中小企業者等、中堅企業等ともに
従業員数20人以下：100万～4,000万円
従業員数21～50人：100万～6,000万円
従業員数51人以上：100万～8,000万円
＜補助率＞中小企業者等：3分の2（6,000万円超は2分の1）
中堅企業等：2分の1（4,000万円超は3分の1）
▼卒業枠※1
＜補助金額＞中小企業者等：6,000万超 ～ １億円
＜補助率＞3分の2
▼グローバルＶ字回復枠※2
＜補助金額＞中堅企業等：8,000万超 ～ １億円
＜補助率＞2分の1</td></tr>
<tr><td>申請方法</td><td colspan="3">ＧビズＩＤプライム※3による電子申請</td></tr>
</table>

※１　卒業枠
事業再編、新規設備投資、グローバル展開のいずれかにより、資本金または従業員を増やし、３年～５年の事業計画期間内に、中小企業者等から中堅・大企業等へ成長する中小企業者等を支援するもの。すべての公募回の合計で400社に限定されている。

※２　グローバルＶ字回復枠
コロナの影響で大きく減少した売上げがＶ字回復させる中堅企業等を支援するもの。「付加価値額の年率平均5.0%以上」「従業員１人当たり付加価値額の年率平均5.0%以上」「グローバル展開を果たす事業であること」など、通常枠よりも要件が厳しくなっている。すべての公募回の合計で100社に限定されている。

※３　ＧビズIDプライム
ＧビズIDプライムとは、補助金申請、社会保険の手続き、飲食店の営業許可申請など、さまざまな行政サービスをインターネットから利用できる法人代表者・個人事業主向けの「共通認証システム」。事業再構築補助金、ものづくり補助金、小規模事業者持続化補助金、IT導入補助金など、多くの補助金で「ＧビズIDプライムによる電子申請」が求められている。ＧビズIDプライムの取得は下記のURLから無料で行えるので、早めの取得がおすすめ。
https://gbiz-id.go.jp/top/

★主な応募要件

・売上げが減っている

2020年４月以降の連続する６か月間のうち、任意の３か月の合計売上高が、コロナ以前（2019年または2020年１月～３月）の同３か月の合計売上高と比較して10％以上減少しており、2020年10月以降の連続する６か月間のうち、任意の３か月の合計売上高が、コロナ以前（2019年または2020年１月～３月）の同３か月の合計売上高と比較して５％以上減少していること。

上記を満たさない場合は次の項目を満たすことでも申請可能。

2020年４月以降の連続する６か月間のうち、任意の３か月の合計付加価値額（営業利益、人件費、減価償却費を足したもの）が、コロナ以前（2019年または2020年１月～３月）の同３か月の合計付加価値額と比較して15％以上減少しており、2020年10月以降の連続する６か月間のうち、任意の３か月の合計付加価値額が、コロナ以前（2019年または2020年１月～３月）の同３か月の合計付加価値額と比較して7.5％以上減少していること。

・認定支援機関・金融機関からの指導による事業計画を策定する

自社の強みや経営資源を活かし、経済産業省「事業再構築指針」（231～235ページ「コラム」参照）に沿った事業計画を作成すること。補助金額3,000万円超の場合は、金融機関が参加して作成すること。

補足説明

認定支援機関

中小企業を支援できる機関として、経済産業大臣が認定した機関です。全国で３万以上の金融機関、支援団体、税理士、中小企業診断士等が認定を受けており、中小企業庁のホームページで、認定支援機関を検索することが可能です。事業再構築補助金では、事業計画書の確認書作成や作成支援、採択後のフォローアップの役割を担います。

・付加価値額の３％成長

事業再構築が終了した後、３～５年で付加価値額（営業利益＋人件費＋減価償却費）の年率平均3.0％（一部5.0％）以上増加、または従業員１人当たり付加価値額の年率平均3.0％（一部5.0％）以上増加の達成を目指すこと。

コラム

事業再構築指針とは

経済産業省の「事業再構築指針」とは、「事業再構築」の定義等について明らかにしたものです。「事業再構築」とは以下の5つを指し、いずれかの類型に該当する事業計画を策定することが必要になります。

類　型	定　義
1）新分野展開	主たる業種または主たる事業を変更することなく、新たな製品等を製造等することにより、新たな市場に進出すること
2）事業転換	新たな製品等を製造等することにより、主たる業種を変更することなく、主たる事業を変更すること
3）業種転換	新たな製品等を製造等することにより、主たる業種を変更すること
4）業態転換	製品等の製造方法等を相当程度変更すること
5）事業再編	会社法上の組織再編行為（合併、会社分割、株式交換、株式移転、事業譲渡）等を行い、新たな事業形態のもとに、新分野展開、事業転換、業種転換または業態転換のいずれかを行うこと

つまり、この5つのうち1つだけを選び、それに沿った事業計画書を作成して提出する必要があるということです。逆にいえば、ここを完全に理解して当てはまった事業を計画して計画書を提出することで採択される確率が着実に上がることになります。ここは事業再構築補助金の申請のなかで、まさに肝となる部分なので、よく理解するようにしてください。

1）新分野展開

▼簡単に説明すると…

- 新しい事業に挑戦する
- 売上高構成比の最も高い業種や事業が変わらない
- 「製品等の新規性要件※1」「市場の新規性要件※2」「売上高10%要件※3」を満たす

※1　製品等の新規性

- 新規性とは、世の中における新規性（日本初・世界初など）ということではなく、再構築に取り組むその事業者にとっての新規性のこと。下記の製造、販売等をしたことがないこと。

例）過去（2020年３月以前）の一時期に製造していた自動車部品と同じ部品を再び製造する場合はダメ

- 必ずしも革新的なアイデアで新製品等を実現するものでなくともよい
- 製造等に用いる主要設備を変更すること

例）これまでパウンドケーキの製造の際に用いていたオーブン機器と同じ機械を、新商品である焼きプリンの製造に使用する場合はダメ

- 新旧製品等の性能・効能等が定量的に異なること

例）従来から製造していた半導体と性能に差のない半導体を新たに製造するために設備を導入する場合はダメ

- その他、単に製造量を増やす、似たようなものを製造する、ちょっと変えただけのもの、単純にいままでの部品を組み合わせただけなどはダメ

例）自動車部品を製造している事業者が、単に既存部品の製造量を増やす、新たに製造が容易なロボット用部品を製造する、新たに既存の部品に単純な改変を加えてロボット用部品を製造する、既存製品である２つの部品を単に組み合わせたロボット用部品を製造するなどはダメ

※２　市場の新規性要件

新旧製品等の間で代替性が低いこと。つまり、新製品等が既存製品等にとって代わるだけで、その分、既存製品等の売上げが減少する場合は対象外です。むしろ、新製品等との相乗効果によって、既存製品等の売上げが上がることが求められます。

※３　売上高10%要件

新たな製品等の売上高が総売上高の10%以上となること。店舗ごとなどではなく、会社全体の売上げの10%以上を指します。

２）事業転換

▼簡単に説明すると…

- 新しい事業に挑戦する
- 大分類が変わることなく、中分類、小分類、細分類が変わる
- 「製品等の新規性要件」「市場の新規性要件」「売上高構成比要件[※4]」を満たす

※４　売上高構成比要件

３～５年間の事業計画期間終了後、新たな製品等の属する「事業」が、売上高構成比の最も高い「事業」となる計画を策定すること。

３）業種転換

▼簡単に説明すると…

- 新しい事業に挑戦する
- 大分類が変わる
- 「製品等の新規性要件」「市場の新規性要件」「売上高構成比要件」を満たす

補足説明

日本標準産業分類

「モノやサービスを生産または提供するところ」を経済活動別に分類するため、総務省が統計結果を表示するために定めている分類。大分類、中分類、小分類、細分類の４つのレベルに分かれており、事業再構築指針では、この分類をもとに、新分野展開、事業転換、業種転換の定義や該当要件を定めています。

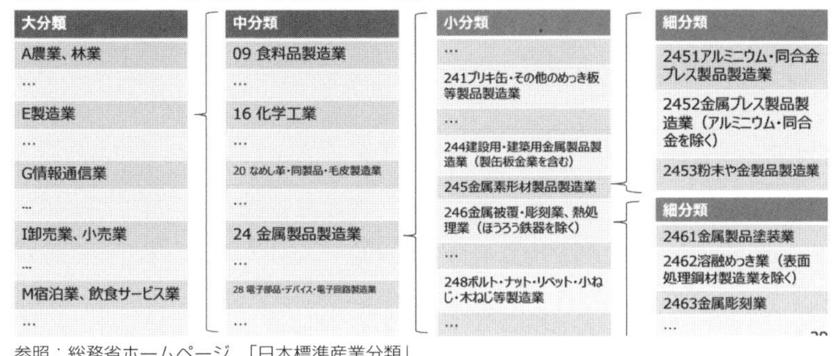

参照：総務省ホームページ　「日本標準産業分類」
https://www.soumu.go.jp/toukei_toukatsu/index/seido/sangyo/H25index.htm

4）業態転換

▼かんたんに説明すると…

- 製品等の製造方法、商品・サービス等の提供方法を相当程度変更する
- 製造方法の変更の場合は、「製品等の新規性要件」「売上高10％要件」を満たす
- 提供方法の変更の場合は、「商品等の新規性要件[※6]または設備撤去等要件[※7]」「売上高10％要件」を満たす

※6　商品等の新規性要件

「※１　製品等の新規性要件」と同義

※7　設備撤去等要件

既存の設備の撤去や既存の店舗の縮小等を伴うものであること。

例）ヨガ教室を運営している事業者が、新たなオンラインサービスを開始するため、既存（ヨガ教室）の設備の撤去やヨガ教室のスペースを縮小する。

製品の製造方法、商品・サービスの提供方法を新規性のあるものに変更することが求められていて、単にちょこちょこっと変えたくらいでは当てはまりません。

製品の製造の場合は、製品自体を過去に製造した実績がなく、主要設備を変更する必要があり、定量的に性能の違いがわかることなどが必要です。

商品・サービスの提供方法については、新規性があるものか、既存設備の撤去や既存店舗の縮小を伴うものである必要があります。

5）事業再編

▼簡単に説明すると…

- 会社法上の組織再編などを行う
- さらに上記1）～4）のうちの1つを実施する

合併、会社分割、株式交換、株式移転、事業譲渡など、会社法上の組織再編を行い、なおかつ上記の事業再構築を実施する必要があるのが、この事業再編です。

5つのなかで最も難易度が高く、実行しようと考える経営者が少ないといわれているのがこの類型です。無料相談でもお目にかかったことがありません。

■ **事業再構築の類型と必要となる要件**（まとめ）

類型	概要	日本産業分類の変更		A製品等の新規性要件	B市場の新規性要件	C製造方法等の新規性要件	D商品等の新規性要件または設備撤去等要件	E売上げの要件
		大分類（業種）	中小細分類（事業）					
1新分野展開	新たな製品等で新たな市場に進出	変更なし	変更なし	必要	必要	—	—	売上高10%要件
2事業転換	主な事業を転換	変更なし	変更あり	必要	必要	—	—	売上高構成比要件
3業種転換	主な業種を転換	変更あり	—	必要	必要	—	—	売上高構成比要件
4業態転換／製造方法	製造方法を転換	変更なし	変更なし	必要	—	必要	—	売上高10%要件
4業態転換／提供方法	提供方法を転換	変更なし	変更なし	—	—	必要	必要	売上高10%要件

■ **必要となる要件の概要（まとめ）**

要　件	概　要
製品等の新規性要件	①過去に製造等した実績がないこと ②製造等に用いる主要な設備を変更すること ③定量的に性能または効能が異なること
市場の新規性要件	既存製品等と新製品等の代替性が低いこと
売上高10%要件	新たな製品等の（または製造方法等の）売上高が総売上高の10%以上となること
売上高構成比要件	新たな製品等の属する事業（または業種）が売上高構成比の最も高い事業（または業種）となること
製造方法等の新規性要件	①過去に同じ方法で製造等していた実績がないこと ②新たな製造方法等に用いる主要な設備を変更すること ③定量的に性能または効能が異なること
設備撤去要件	既存の設備の撤去や既存の店舗の縮小等を伴うもの

★通常枠の他、「特別枠」が設けられることもある

事業再構築補助金には「通常枠」だけでなく、「特別枠」が設けられることがあります。

その１）緊急事態宣言特別枠

通常枠の申請要件を満たし、かつ緊急事態宣言に伴う飲食店の時短営業や不要不急の外出・移動の自粛等により影響を受けたことにより、2021年１～９月のいずれかの月の売上高が対前年または前々年の同月比で30%以上減少している事業者が申請できる制度です（売上高の減少に代えて、付加価値額の45%の減少でも可）。

従業員数	補助金額	補助率
５人以下	100万～500万円	中小企業４分の３ 中堅企業３分の２
６～20人	100万～1,000万円	
21人以上	100万～1,500万円	

緊急事態宣言特別枠のメリットは以下のようなものが挙げられます。

- 通常枠よりも補助率がアップする

（中小企業は３分の２→４分の３、中堅企業は２分の１→３分の２になる）

・特別枠で不採択となった場合でも、通常枠で再審査を受けられる

一方、補助金額の上限が下がるため、「売上げ30％以上減少の要件を満たしているか」、「受給したい補助金額はいくらか」など、自社の状況に応じてどちらで申請するかを検討する必要があります。

その２）最低賃金枠

最低賃金枠は、通常枠の申請要件を満たし、かつ2020年10月から2021年６月までの間で、３月以上最低賃金＋30円以内で雇用している従業員が全従業員の10％以上いることおよび2020年４月以降のいずれかの月の売上高が対前年または前々年の同月比で30％以上減少している事業者が申請できる制度です。（売上高の減少に代えて、付加価値額の45％の減少でも可）

従業員数	補助金額	補助率
５人以下	100万～500万円	中小企業４分の３ 中堅企業３分の２
６～20人	100万～1,000万円	
21人以上	100万～1,500万円	

最低賃金枠のメリットとしては、以下のようなものが挙げられます。

・通常枠よりも補助率がアップする

（中小企業は３分の２→４分の３、中堅企業は２分の１→３分の２になる）

・緊急事態宣言特別枠よりも採択率において優遇される

・最低賃金枠で不採択となった場合でも、通常枠で再審査を受けられる

その３）大規模賃金引上枠

大規模賃金引上枠は、通常枠の申請要件を満たし、かつ補助事業実施期間の終了時点を含む事業年度から３～５年の事業計画期間終了までの間、事業場内最低賃金を年額45円以上の水準で引き上げることおよび補助事業実施期間の終了時点を含む事業年度から３～５年の事業

計画期間終了までの間、従業員数を年率平均1.5％以上（初年度は1.0％以上）増員させる事業者が申請できる制度です。

従業員数	補助金額	補助率
101人以上	8,000万超～１億円	中小企業３分の２ （6,000万円超は２分の１） 中堅企業２分の１ （4,000万円超は３分の１）

★審査は何をもとに行っているのか

事業再構築補助金は次の５つの項目で評価されます。複数の審査員（おそらく４名程度）が点数をつけ、序列をつけます。

⑴　**補助対象事業としての適格性**

⑵　**事業化点**

⑶　**再構築点**

⑷　**政策点**

⑸　**加点項目**

応募は簡単にできますが、これらで高い点数をとるのは容易ではありません。それは、⑵事業化点、⑶再構築点、⑷政策点で、国が高いレベルの要求をしているからです。この点が他の補助金との大きな違いといえます。

⑵事業化点では、以下のように、事業の実現可能性などを問われます。

- 事業実施のための体制（人材、事務処理能力等）や最近の財務状況等から、事業を適切に遂行できると期待できるか
- 金融機関等からの十分な資金の調達が見込めるか
- 競合他社の動向を把握すること等を通じて市場ニーズを考慮したか
- ユーザー、マーケットおよび市場規模が明確か。市場ニーズの有無を検証できているか
- 価格的・性能的に優位性や収益性があり、かつ、事業化に至るまでの遂行方法およびスケジュールが妥当か
- 課題が明確になっており、その課題の解決方法が明確かつ妥当か
- 費用対効果（補助金の投入額に対して増額が想定される付加価値額

の規模、生産性の向上、その実現性等）が高いか

- 現在の自社の人材、技術・ノウハウ等の強みを活用することや既存事業とのシナジー効果が期待されること等により、効果的な取組みとなっているか

⑶**再構築点**では、事業再構築の度合いについて以下を問われます。

- リスクの高い思い切った大胆な事業再構築か
- 事業再構築の必要性や緊要性
- 選択と集中
- リソースの最適化
- デジタル技術の活用
- 新しいビジネスモデルの構築

⑷**政策点**では国が目指す政策との合致について以下を問われます。

- デジタル技術の活用
- 低炭素技術の活用
- グローバル市場でもトップの地位
- 地域の特性を活かす
- 異なるサービスを提供する事業者が共通のプラットフォームを構築
- 異なる強みを持つ複数の企業等が共同体を構成

補足説明

加点項目

⑸加点項目とは、通常の審査をするうえでプラス要因となる項目で、公募のタイミングによって要件が変化します。例えば、2021年10月28日～12月21日まで公募されていた2021年度第４回公募では、「令和３年（2021年）の国による緊急事態宣言の影響で売上が30%以上減少している」など、４つの項目を設けています。

「採択されるのは一筋縄ではいかない」ということが、おわかりいただけたでしょう。単なる思いつきレベルの事業再構築プランをもとに、素人が事業計画書を書くレベルでは採択されるわけがないのです。プロの高度なサポートが必要な理由がここにあります。

一方で、補助金全般にいえることですが、審査員が誰になるかで結果に大きな違いが出るのも事実です。実際に、厳しく評価する人、甘く評価する人がいます。

事業再構築補助金では不採択の理由を電話で確認することができます。内容をみると、適切性を欠くコメント、独りよがりのコメント、越権行為のコメントもあります。そもそも事業を行ったことのないような者が机上の空論で論じているのが明白なコメントもみられます。

一度不採択になったからといって諦めるのではなく、審査員のコメントを少し参考にしながら、何度もチャレンジすることを筆者はおすすめしています。ある意味、運を味方につけることも必要なのです。

★事業再構築補助金の主な注意点を押さえよう

・設備投資が必要

事業再構築補助金は中小企業・中堅企業の継続的な成長を支える投資を行う必要があります。広告費やクラウド利用料、外注費などの一過性の経費だけでなく、建物の建設や内外装工事、機械装置や工具器具備品の導入、オリジナルシステムの開発といった設備投資が必要です。一過性の経費だけまたは一過性の経費が大半の場合は、理由書が必要になり相応の理由が必要になります。私の感覚ですが、設備投資の目安は5：5といった具合です。

・すでに着手してしまった事業は対象外になることも…

本来、補助金の鉄則として、すでに手をつけてしまった事業は対象外というものがあります。ただし、例外的な扱いを設けている場合もあるので（例：事前着手申請を指定の期日までに提出のうえ事務局に承認された場合に限り補助対象）、着手してしまった事業がある場合は確認してみましょう。

・投資性の高い事業は応募不可

投資性の高い事業は応募ができません。不動産賃貸業や太陽光発電、フルオペレーション委託型ＦＣ事業など、お金を出せばあとは設備が稼いでくれるようなビジネスは対象外となります。

・既存の事業規模（既存売上規模）と見合わない

新たに始める事業がその企業の本来の事業規模に対して大きすぎるものは採択される確率が極端に下がります。例えば、資本金100万円、売上げ（年商）が400万円の会社が、事業再構築補助金1,500万円を希望し、新たな事業を行うという規模感の計画です。実は、著者のところに、事業再構築補助金に応募したいという相談や問い合わせが毎日５件、10件とあるなかで、ほとんどがこのような無理があるものとなっています。

無理のある計画とは何か、具体的に言うと、今回の設備投資計画全体の規模（つまり必要資金）がコロナ前の既存事業の売上げ（年商）の半分以下であるのがギリギリのラインです。それを超えるようなチャレンジは過剰投資であり、事業再構築補助金の採択確率はかなり下がることになります。

金融機関の融資でも同じことです。やはり、上記の基準を超えるような設備投資は過剰投資であり、行きすぎたチャレンジになります。融資の審査で通る可能性も極端に下がります。

・既存の事業規模（固定長期適合率）と合わない

既存の売上げとの比較だけではなく、下記のＡ、Ｂが釣り合っているかも「固定長期適合率」という形で財務的にチェックされます。

Ａ）現状の自己資本や現状の負債と今回の借入れ見込み額

Ｂ）既存の固定資産と今回の設備投資額

※固定長期適合率については189ページで詳しく解説しているので参照してください。

いずれにしても、「背伸びをした過剰投資ではないか？」という視点は非常に重要です。事業再構築補助金に採択される確率が下がってしまいます。融資の審査でも厳しい戦いが待ち受けているのと同時に、自分自身が不安になってしまう危険性も秘めています。

実際、せっかく事業再構築補助金に採択されたのに、怖くなって辞退してしまうという事例もあるようです。認定支援機関に相談する時点で、適切な事業規模、適切なチャレンジかどうか、という視点も合わせて相談しましょう。

コラム

採択結果から分析する事業再構築補助金

事業再構築補助金について、2021年度の第1回公募（2021年4月15日～4月30日）申請分について事業再構築補助金事務局が公表した「事業再構築補助金第1回公募の結果について」をもとに、採択の傾向を分析します。

- 申請件数22,231件のうち、8,016件が採択された

- そのうち
  —最大6,000万円補助の通常枠が5,092件
  —最大1億円補助、中堅企業への成長を補助する卒業枠が45件
  —中堅企業が対象の通常枠が12件
  —中堅企業で海外展開を目指すグローバルV字回復枠は1件
  —緊急事態宣言特別枠は中小企業が2859件、中堅企業が7件

- 採択総額は約2,200億円、年度内で5回募集、予算1兆1,485億円のため、1回分の採択金額2,200億円は約5分の1であり、順当なペースで予算消化。このペースが続くと予測できる。

- 採択率は36％の狭き門。さらに通常枠以外の枠は、さらに狭き門なのが分析できる。不採択だったとしても次回以降の公募に再度応募できるため、回を重ねるごとに分母が膨らんでいくことも予測できる。

- 採択者の業種別割合（現状行っている事業の業種）は以下のとおり。
  製造業…31.7%
  宿泊業、飲食サービス業…21.8%
  卸売業、小売業…12.4%
  建設業…6.7%
  生活関連サービス業、娯楽業…6.1%
  学術研究、専門・技術サービス業…4.5%
  サービス業…4.4%
  情報通信業…3.7%
  不動産行、物品賃貸業…2.1%
  医療福祉…2.0%
  教育、学習支援業…2.0%
  運輸業、郵便業…1.2%
  その他　1.5%

幅広い業種で採択されているのがわかる。製造業の採択率が高く、設備投資を前提としたこの補助金では、要件に当てはまりやすく応募しやすさをうかがい知ることができる。

一方で、宿泊業、飲食サービス業など、コロナの影響をもろに受けた業種だとしても全体のなかでの割合は低く、この補助金が必ずしも救済が目的ではないことが分析できる。

・書類不備で落とされる比率が高い

申請件数22,231件のうち、書類不備で不採択になったのが2,992件、約13.4%。通常の補助金よりも提出書類が多く、不備が起こりやすい。タッグを組む認定支援機関の質が問われることもわかる。

・採択金額の分布

採択金額の分布としては、どんな規模感でもまんべんなく採択されており、少額でも多数採択されているのがわかる。

一方で、3,000万円を超える大型の事業が全体の37%を占めていて、大型の設備投資を伴うような事業の採択が多いのが読み取れる。

■ 認定支援機関別応募・申請・採択状況

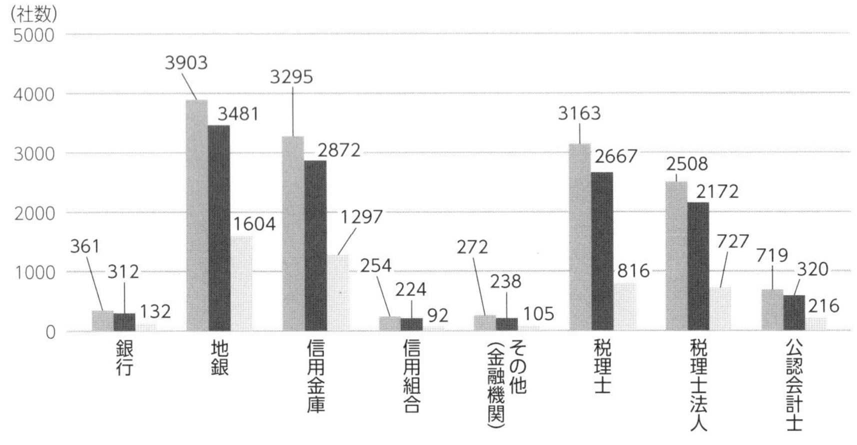

(注：その他（金融機関）…信用農業協同組合連合会)

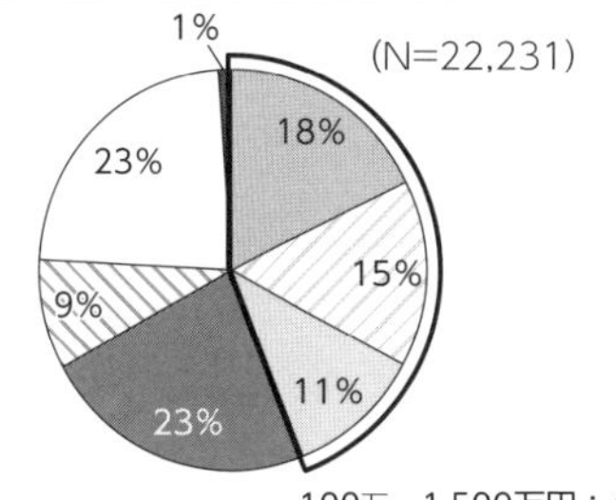

採択金額の分布（全類型合計）

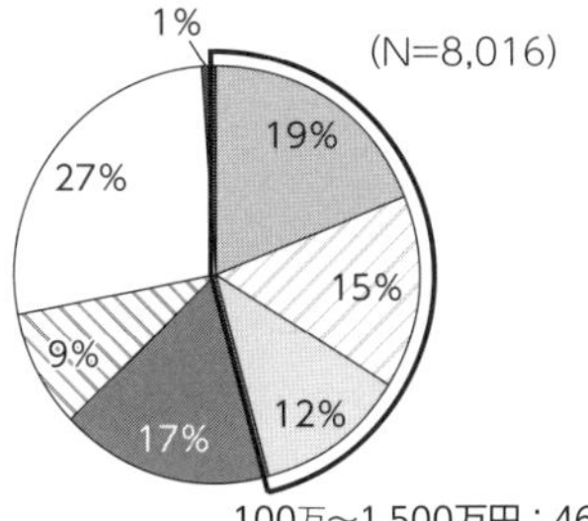

100万～500万円　501万～1,000万円　1,001万～1,500万円　1,501万～3,000万円
3,001万～4,500万円　4,501万～6,000万円　6,001万～1億円

出典：事業再構築補助金事務局「事業再構築補助金第１回公募の結果について」

・認定支援機関別の応募、申請、採択状況

認定支援機関別に応募状況を分析すると、金融機関が約8,100社で最も多く、ついで税理士関係が5,600社と続く。

つまり、資金調達の後押しをする地銀、信用金庫などの金融機関と事業計画書づくりが得意な税理士事務所、税理士法人の善戦が目立つ。

さらにここから読み取れるのは、地銀や信用金庫といった金融機関との連携が得意な認定支援機関とタッグを組むことが最強の組み合わせになることだと思われる。

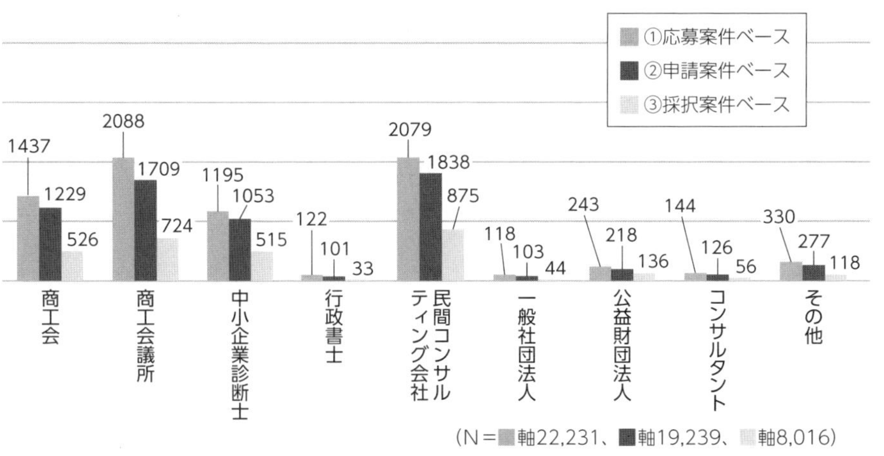

(N＝軸22,231、軸19,239、軸8,016)

出典：事業再構築補助金事務局「事業再構築補助金第１回公募の結果について」

★１件当たりの平均採択額

前のコラムにあるように、全体として、１件当たりの採択金額は多めになっています。ある事業を立ち上げるとき、資金額が多いほうが有利に事業を進められるという傾向があり、その点で、うなずけます。

他の補助金でも同様ですが、補助金の事務局としては、予算が余るのも問題だし、採択されたものの辞退したり、事業の実行が途中で頓挫したりするのも困るわけです。その点においても、１件当たりの金額が大きいものが有利に採択されるという傾向は続くと思われます。

では、１件当たりの金額が少ない場合は採択されにくいのではないかという懸念はどうでしょう。

緊急事態宣言特別枠のように、明確に目的が違い（救済的な側面）、明確に上限金額が引き下げられている枠がある場合は、少額でも採択されやすい傾向にあります。前述コラムの集計の場合、通常枠と緊急事態宣言特別枠とが合わさった分析のため、少額の採択金額も一定の割合を持っていると理解しておけば、正しい理解になると思います。

★夢のような計画 VS 手堅い計画

事業再構築補助金の事業計画書は、

A）夢のような計画

B）手堅い計画

どちらが採択されやすいのか、という質問を受けることがあります。

著者としての答えはズバリ「B」です。

やはり審査員もプロです。誰がみても勝てるような売上計画、かつ、計画の数字が手堅い視点かどうかを見抜きます。

あまりにもバラ色な計画では無理があることはすぐにバレてしまいます。手堅い設備投資計画でなければ、無理なチャレンジとして採択されにくく、金融機関の支援も得られにくくなってしまうからです。

さらに、審査員の審査という視点では「わかりやすさ」も重要です。公募の〆切から発表までは、１か月程度という短い期間で審査が行われます。その間、実務的には審査員が１つの応募案件について審査にかけられる時間はせいぜい10分程度となります。その間で読んでわかりやすいかどうかは非常に重要なのです。

つまり、事業計画書は、「手堅い」「勝てる」「わかりやすい」の3拍子そろっているかどうかがポイントといえます。

★金融機関との連携が重視される

事業再構築補助金はいわば、新たな事業の「設備投資」に関する補助金であり、その元手となる融資の可能性という点が、実際に事業を行ううえでも、重要となります。その意味でも、今回の計画について、金融機関の賛同を得て、金融機関と連携して進めることができているかも非常に重要な視点となります。とはいえ、いきなり近隣の金融機関に足を運び、「事業再構築補助金に応募するから、融資してくれ」と言ったところで断られるのがオチです。日頃から金融機関とのつきあいを濃くしておくことが重要です。また、認定支援機関を選ぶ際には、多くの金融機関と連携を深めている融資が得意な認定支援機関を選ぶことが重要です。

★不採択になった原因

事業再構築補助金では、他の補助金にはない特徴があります。それは、もし不採択になった場合、審査を行った審査員から直接、その要因について教えてもらえることです。

以下、不採択になった事例について、どのような回答があったのか記載します。ぜひ参考にしてください。

1）事業化点

- 新規事業の遂行計画や課題について検討されており、売上計画はあるものの、利益試算がなされてない。
- 販管費、人件費、減価償却費以外の経費が不明。
- 収益計画が作成されておらず付加価値額、生産性、投資採算性の評価ができない。
- 弱みでサービス品質のバラつきが多いと評価しているのにもかかわ

らず、既存事業を従業員に任せるとしている点で代表者が新規事業に専念できる体制は困難であると思われる。

- 市場分析は行われているものの東海地方の市場規模などの記載はなくターゲット地域の考察は弱い。
- 市場ニーズの部分の検証が不十分。
- 費用対効果、がある程度見込まれるが、付加価値額の状況が把握できない。
- 競合アプリとの差別化が弱い。
- 売上予測が若干、楽天的。
- 既存事業とのシナジー効果はあるがシステム開発費の根拠が弱く、費用対効果に不安が残る。
- 掘り下げた市場ニーズ競合分析が充分ではない。
- 自粛でアクティビティが減少し、関連する製品売上げが影響受け、複数の授業でカバーしているが社会の価値観が変化しており、それを充足する製品提供が必要である。
- 製造部門への進出と言う新部門展開であるので、記述している事業化へ向けての課題と解決策を、確実に実践していくことが求められる。

2）再構築点

- 人材面で弱みを抱えていると評価しているのにもかかわらず、既存事業を従業員で運営するとしている点について経営リソースの最適化が図られていないと評価する。
- 地域のイノベーションに貢献や地域経済に貢献するとは言い難い。

3）要件と形式の不備

- コロナ前の法人事業概況説明書２枚目に、月別の売上金額が記載されていない。

■事業再構築補助金　事例分析　千葉県・建設会社Ｓ社

千葉県にある創業７年目の建設会社Ｓ社。基礎工事と外構工事、解体工事と別事業として飲食店を経営しています。

Ｓ社の代表Ｙ氏は県内の高校を卒業後、地元にある社員10人の外構工事の請負企業に就職。職人としてがんばり、２年後には現場を１人で取り仕切れるほどにまで成長しました。明るく人懐っこい性格から、先輩社長たちに可愛がられ、「応援するよ！」という声に押され独立しました。独立後は多くの仕事の依頼を受け、当初の外構工事だけの展開から、いまでは基礎工事や解体工事までも手がけるようになってきました。

３期目に入りＳ社が順調に成長していくなかで、Ｙ氏の親族Ａ氏から飲食店を開きたいという相談を受けました。そのなりゆきでＳ社の役員として迎え入れ、Ｓ社の飲食事業として経営することになりました。まずは市内で１店舗を開き、オープン直後から地元の方々で賑わい、固定客も増えて安定的な売上げを確保できました。

新型コロナウイルス感染症の業績への影響

建設事業はこれまでは安定的な受注が取れてきましたが、新型コロナウイルス感染症拡大の影響により、工事が減ってきています。飲食事業も緊急事態宣言と外出自粛の影響により、売上げが例年の８割減にまで落ち込んでいます。飲食事業は全体のなかで４割の売上構成比率となっていて、会社全体としての影響は大きく予断を許さない状況が続いています。

決算分析

Ｓ社の決算をみてみましょう（249ページ参照）。

建設事業は予定の２割減の売上げで、なんとか利益を確保できました。

問題は飲食事業です。コロナ前の売上げと比べ、８割も減少しているようでは、もはや自助努力ではどうすることもできません。日本政策金融公庫（公庫）から新型コロナウイルス感染症特別貸付を3,000万円ほど受け、なんとか耐え忍んでいます。右往左往しているなか１年の据え置き期間が満了し、返済が始まろうとしています。キャッシュとしては手許にあるので、借入れをしているくらいなら一括返済してしまってもよいのか、飲食事業をどうしたらよいのか悩んでいる状況です。

方向性①　融資の借換

キャッシュがあるからといって、間違っても一括返済することはやめましょう。またいつ状況が一変するかわかりません。このような先行きの不透明感があるときには、手元キャッシュは潤沢に残しておくべきです。

対策として、まずは新型コロナウイルス感染症特別貸付（コロナ融資）の借換えを行いましょう。コロナ融資は利子補給制度があるため、払った金利は後からキャッシュバックで戻ってきます。実質３年間無金利の状態にできるのです。現在の返済条件は１年据え置きとなっており、間もなく返済がスタートします。

借換えとは、既存の3,000万円のコロナ融資を、また3,000万円のコロナ融資で申込することで、有利な条件にすることです。3,000万円を借りて、既存の3,000万円を返済するので、実質融資金額（真水部分ともいいます）はゼロですが、据置期間を伸ばすことができます。

これにより信用に傷のつかない条件変更が行えます。３年間実質無金利と組み合わせることで、金利負担なく３年間、資金を手許においておくことができるので、資金繰りが大きく改善します。コロナ融資の据置期間は制度上最長で５年間つけることが可能です。公庫に相談してみましょう。

方向性②　飲食事業の再構築

こうした場合の飲食事業の方向性ですが、セオリーとしては３つあります。①そのまま継続するか、②縮小・撤退するか、③撤退・縮小し新規ビジネスへと展開するかです。

①は赤字を垂れ流している状況です。確かに公庫がコロナ融資を出してくれており、また各種協力金も得られているため、現状は存続できています。しかし、需要が本格的に戻ってくるのがいつかは読めず、また支援策がいつまで続くのかも不透明なため、このまま放置しておくべきではないという判断もありえます。

②は現在１店舗しかないため、縮小は考えにくいです。撤退も選択肢の１つですが、撤退もコストがかかります。撤退コストは将来の費用負担を軽減するもので、将来のお金を生み出す投資資金ではありません。撤退にかかるコストをよく検討する必要があります。

③の撤退・縮小し新規ビジネスへ展開する場合には、既存のビジネスにメスを入れ、新たな事業を創出することになります。例えば、既存の事業を活かし、テイクアウトやデリバリーに注力していく業態転換や、撤退し

在宅勤務者向けのコワーキングスペースを開くといった業種転換が考えられます。特に、業種転換は大きな投資を伴いリスクも高いので難しい経営判断になります。

新規ビジネスへのリスク軽減策として、事業再構築補助金という制度を国で用意しています。この制度を使えば設備投資や販促などの費用の３分の２（場合によっては４分の３）最高１億円の補助が受けられます。国としても補助金を出すことで中小企業のイノベーションを加速したいという思いがあります。このような支援制度をうまく活用しながら、新規ビジネスの展開も選択肢の１つです。

損益計算書　2021年　単位：千円

売上高	97,200
建設事業売上	90,000
飲食事業売上	7,200
売上原価	47,160
売上総利益	50,040
販管費	59,500
役員報酬	12000
人件費	30,000
減価償却費	5,500
その他	12,000
営業利益	-9,460
営業外利益	5,000
営業外費用	400
経常利益	-4,860
法人税等	70
当期純利益	-4,930

貸借対照表　2021年　単位：千円

資産	金額	負債・純資産	金額
流動資産	56,500	流動負債	27,000
現預金	47,000	買掛金	15,000
売掛金	8,000	未払金	2,000
棚卸資産	1,500	短期借入金	10,000
固定資産	21,000	固定負債	45,000
建物	10,000	長期借入金	45,000
器具備品	10,000	純資産	5,500
車両	5,000	資本金	3,000
減価償却累計額	-4,000	利益剰余金	2,500
資産計	77,500	負債・純資産計	77,500

コラム

生産性革命３兄弟

経済産業省は事業再構築補助金の他にも、「ものづくり補助金」「小規模事業者持続化補助金」「ＩＴ導入補助金」の３つの支援を継続的に行い、注力しています。この３つは中小企業の生産性を高めるために重要な施策と位置づけられており、私は「生産性革命３兄弟」と呼んでいます。毎年少しずつ形を変えながら継続しているため、ぜひ、基本的な考え方を身につけてください。

必ず押さえておきたい補助金②
ものづくり補助金

ものづくり補助金とは、中小企業・小規模事業者などが、今後複数年にわたり相次いで直面する制度変更（働き方改革や被用者保険の適用拡大、賃上げ、インボイス導入など）に対応するため、革新的サービスの開発や試作品開発、生産プロセスの改善を行うための設備投資などを支援する補助金です。

「ものづくり補助金」と省略していわれていますが、正式名称は、「ものづくり・商業・サービス生産性向上促進補助金」といい、製造業などものづくりに関わる産業以外の商業・サービス業でも対象になります。

★対象者

日本国内に本社と補助事業の実施場所を有する中小企業者（下記１～３に該当）。ただし、申請締切日前10か月以内に過去のものづくり補助金の交付決定を受けた事業者を除きます。

１．中小企業者（組合関連以外）

業　種	資本金	従業員数(常勤)
製造業、建設業、運輸業	３億円	300人
卸売業	１億円	100人
サービス業（ソフトウェア業、情報処理サービス業、旅館業を除く）	5,000万円	100人
小売業	5,000万円	50人
ゴム製品製造業（自動車または航空機用タイヤおよびチューブ製造業並びに工業用ベルト製造業を除く）	３億円	900人
ソフトウェア業または情報処理サービス業	３億円	300人
旅館業	5,000万円	200人
その他の業種（上記以外）	３億円	300人

※ただし、発行済株式の総数または出資価格の総額の２分の１以上を同一の大企業が所有しているような会社は補助対象者からは除かれます（みなし大企業）。

2．中小企業者　組合関連

以下の組合等に該当すること。

企業組合、協業組合、事業協同組合、事業協同小組合、協同組合連合会、商工組合、商工組合連合会、商店街振興組合、商店街振興組合連合会、水産加工業協同組合、水産加工業協同組合連合会、生活衛生同業組合、生活衛生同業小組合、生活衛生同業組合連合会、酒造組合、酒造組合連合会、酒造組合中央会、内航海運組合、内航海運組合連合会、技術研究組合

※該当しない組合や財団法人（公益・一般）、社団法人（公益・一般）、医療法人、社会福祉法人および法人格のない任意団体は補助対象となりません。

3．特定非営利活動法人（ＮＰＯ法人）

以下の条件に該当すること。

- 広く中小企業一般の振興・発展に直結し得る活動を行う特定非営利活動法人であること
- 従業員数が300人以下であること
- 法人税法上の収益事業を行う特定非営利活動法人であること
- 認定特定非営利活動法人ではないこと
- 交付決定時までに補助金の事業かかる経営力向上計画の認定を受けていること

コラム

経営力向上計画を使って融資や設備投資、補助金を有利に進めよう

経営力向上計画をご存知でしょうか。生産性向上を目指す中小企業を支援する目的で作られた制度です。金融や税制、補助金活用などさまざまな優遇が受けられます。

経営力向上計画とは

経営力向上計画とは、人材育成や設備投資など経営力を向上させる取組みを行い、労働生産性などを向上させる中小企業を税制や融資などで支援する制度です。

認定の対象となる企業は、資本金額10億円以下または従業員数2,000人以下の法人および個人事業主。ただし、税制面や金融面の支援が受けられるのは、資本金額１億円以下または従業員数1,000人以下の場合です。大企業の子会社や中小企業でも、資本金が１億円以上の場合は対象になりません。

税制面の優遇策

計画認定を受けて、工業会等の認定を受けた生産性を高める設備を導入する場合は税制面の優遇を受けることができます。具体的には、法人税（個人事業主は所得税）について、即時償却または取得価額の10％（資本金3,000万円超１億円以下の法人は７％）の税額控除が選択適用できます。

金融面の支援

計画に必要な資金の融資が受けられます。日本政策金融公庫と商工中金が低利の融資を、信用保証協会の場合は、通常の信用保証枠（※）とは別枠の保証となります。もちろん、すべてのケースで融資が受けられるわけではなく、個別審査によりますが、相談してみる価値は大いにあるでしょう。

※信用保証協会では、１社当たりに保証限度枠を設定しています。無担保の場合8,000万円、担保付きで２億円（合計で２億8,000万円）です。信用保証協会は通常この枠までしか保証をしません。

補助金審査での優遇

税制面、金融面以外にも大きなメリットがあります。経営力向上計画の認定を受けていると各種補助金で審査のときに加点される優遇が受けられます。

小規模事業者持続化補助金（一般型）では審査上加点される優遇措置が受けられています。

申請手順

認定を受けるには所定の書式に必要事項を記入し、経済産業局や農政局などの国の機関に申請します。計画内容により提出先が異なります。計画内容が標準産業分類の何に該当するのかを調べ、対象となる申請先をみつけます。認定までには１～２か月程度必要です。

計画変更

計画期間は３年と４年、５年のいずれかです。当初の計画から設備が追加になった場合、変更申請を行えば優遇を受けられます。

★支給要件・補助金額・補助率・補助対象経費など

「一般型」と「グローバル展開型」があります。なお、これ以外に、中小企業30社以上が集まってビジネスモデル構築・事業計画策定する「ビジネスモデル構築型」がありますが、ここでは割愛します。

★補助対象事業の要件

・補助事業実施期間

以下の補助事業実施期間に、発注・納入・検収・支払等のすべての事業の手続きがこの期間内に完了する事業であること。

１）一般型

交付決定日から10か月以内(ただし、採択発表日から12か月後の日まで)

２）グローバル展開型

交付決定日から12か月以内(ただし、採択発表日から14か月後の日まで)

・事業計画の策定・表明

以下のすべてを満たす３～５年の事業計画を策定し、従業員に表明していること。

・付加価値額　年率平均＋３％以上

- 給与支給総額　年率平均＋1.5％以上
- 事業場内最低賃金≧地域別最低賃金＋30円以上の水準にする

- **実施場所の確保**

応募申請時点で補助事業の実施場所（工場や店舗等）を有していること。

- **「低感染リスク型ビジネス枠」の場合**

低感染リスク型ビジネス枠については、補助対象経費全額が、以下のいずれかの要件に合致する投資であること。

①物理的な対人接触を減じることに資する革新的な製品・サービスの開発

例：ＡＩ・ＩｏＴ等の技術を活用した遠隔操作や自動制御等の機能を有する製品開発（部品開発を含む）、オンラインビジネスへの転換等

②物理的な対人接触を減じる製品・システムを導入した生産プロセス・サービス提供方法の改善

例：ロボットシステムの導入によるプロセス改善、複数の店舗や施設に遠隔でサービスを提供するオペレーションセンターの構築等

③ウィズコロナ、ポストコロナに対応したビジネスモデルへの抜本的な転換にかかる設備・システム投資

※ただし、キャッシュレス端末や自動精算機、空調設備、検温機器など、ビジネスモデルの転換に対して大きな寄与が見込まれない機器の購入は、原則として、補助対象経費になりません

- **「２）グローバル展開型」の場合**

グローバル展開型については、以下のいずれかの類型の各条件を満たした場合、応募できます。

▼類型：海外直接投資

- 国内事業と海外事業の双方を一体的に強化し、グローバルな製品・サービスの開発・提供体制を構築することで、国内拠点の生産性を高めるための事業であること
- 具体的には、国内に所在する本社を補助事業者とし、補助対象経費の２分の１以上が海外支店の補助対象経費となること、または海外子会社（半数以上の発行済株式の総数または出資価格の総額の２分

1）一般型

項　目	要　件
概要	中小企業者等が行う「革新的な製品・サービス開発」または「生産プロセス・サービス提供方法の改善」に必要な設備・システム投資等を支援
補助金額	100万円～1,000万円
補助率	［通常枠］中小企業者　2分の1、小規模企業者・小規模事業者　3分の2　［低感染リスク型ビジネス枠］3分の2
設備投資	単価50万円（税抜き）以上の設備投資が必要
補助対象経費	［通常枠］機械装置・システム構築費、技術導入費、専門家経費、運搬費、クラウドサービス利用費、原材料費、外注費、知的財産権等関連経費 ［低感染リスク型ビジネス枠］上記に加えて、広告宣伝費、販売促進費

2）グローバル展開型

項　目	要　件
概要	中小企業者等が海外事業の拡大・強化等を目的とした「革新的な製品・サービス開発」または「生産プロセス・サービス提供方法の改善」に必要な設備・システム投資等を支援（1．海外直接投資、2．海外市場開拓、3．インバウンド市場開拓、4．海外事業者との共同事業のいずれかに合致するもの）
補助金額	1,000万円～3,000万円
補助率	中小企業者　2分の1、小規模企業者・小規模事業者　3分の2
設備投資	単価50万円（税抜き）以上の設備投資が必要
補助対象経費	機械装置・システム構築費、技術導入費、専門家経費、運搬費、クラウドサービス利用費、原材料費、外注費、知的財産権等関連経費、海外旅費

の1以上を補助事業者が所有している、国外に所在する会社）の事業活動に対する外注費（本補助金の補助対象経費の範囲に限る。一般管理費は含まない。事業実施に不可欠な開発・試作にかかる業務等を想定）もしくは貸与する機械装置・システム構築費（本補助金の補助対象経費の範囲に限る。）に充てられること。

- 国内事業所においても、単価50万円（税抜き）以上の海外事業と一

体的な機械装置等を取得（設備投資）すること

- 応募申請時に、海外子会社等の事業概要・財務諸表・株主構成がわかる資料、実績報告時に、海外子会社等との委託（貸与）契約書とその事業完了報告書を追加提出すること

▼類型：海外市場開拓

- 国内に補助事業実施場所を有し、製品等の販売先の２分の１以上が海外顧客となり、計画期間中の補助事業の売上累計額が補助額を上回る事業計画を有していること
- 応募申請時に、具体的な想定顧客がわかる海外市場調査報告書、実績報告時に、想定顧客による試作品等の性能評価報告書を追加提出すること

3．類型：インバウンド市場開拓

- 国内に補助事業実施場所を有し、サービス等の販売先の２分の１以上が訪日外国人となり、計画期間中の補助事業の売上累計額が補助額を上回る事業計画を有していること
- 応募申請時に、具体的な想定顧客がわかるインバウンド市場調査報告書、実績報告時に、プロトタイプの仮説検証の報告書を追加提出すること

4．類型：海外事業者との共同事業

- 国内に補助事業実施場所を有し、外国法人と行う共同研究・共同事業開発に伴う設備投資等であり、その成果物の権利（の一部）が補助事業者に帰属すること（外国法人の経費は、補助対象外）

※応募申請時に、共同研究契約書または業務提携契約書（検討中の案を含む）、実績報告時に、当該契約の進捗がわかる成果報告書を追加提出すること。

★公募スケジュール

年度内に複数回の締切を設け、締切後も申請受付を継続し、それまでに申請のあった分を審査し、随時採択発表を行います。

★応募方法

申請は、電子申請システムでのみの受け付けです。この申請にはGビズIDプライム（229ページ注釈参照）の登録が必要です。アカウントを取得していない方は早めに利用登録を行ってください。

コラム

ものづくり補助金と事業再構築

事業再構築補助金に応募するには「事業再構築」の概念に当てはまっている事業を行う必要があります。経済産業省が発表している「事業再構築指針」に公表されている５つの類型のうちのどれかです。

ただ、この５つの類型に当てはまるというのは結構、ハードルが高くなります。なぜなら、既存事業からガラッと変えるのではなく、あくまで既存事業の延長線上のビジネスという新規事業が少なくないからです。

このようなケースで、無理に事業再構築補助金に応募したところで、結局、要件に該当していないということで不採択になってしまうことが多くなります。

我々が最初に事業再構築補助金の相談に乗るとき、まずはこの点を判断します。

そして、事業再構築補助金以外の補助金、例えば、ものづくり補助金などに応募できる可能性があるのであれば、そこを目指すような方向を示します。新しいビジネスが革新的な要素を含んだものかどうか、あるいは今度そのような革新的な要素を加えることができるかどうか、そこを一緒に考えていくわけです。

必ず押さえておきたい補助金③
小規模事業者持続化補助金

小規模事業者持続化補助金とは、小規模事業者が新たに行う販路開拓等の取組みを支援する補助金です。以前からある通常時の「一般型」の他、社会情勢に応じた特別枠が設けられることがあります（例：新型コロナウイルス感染症の影響を抑えた低感染リスク対応の販路開拓等の取組みを支援する「低感染リスク型ビジネス枠」。260ページ「コラム」参照）。

★補助対象となる対象者

常時使用する従業員が20人（商業・サービス業〈宿泊業・娯楽業を除く〉の場合は５人）以下の法人・個人事業主

★支給要件

新たな販路開拓等の取組み

例）ホームページ作成、動画作成、リスティング広告、バス広告、チラシ作成、DM作成・郵送など

★対象経費（一般型）

①機械装置等費、②広報費、③展示会等出展費、④旅費、⑤開発費、⑥資料購入費、⑦雑役務費、⑧借料、⑨専門家謝金、⑩専門家旅費、⑪設備処分費（補助対象経費総額の２分の１が上限）、⑫委託費、⑬外注費

★想定される活用例（一般型）

- 販路拡大に備えて「インバウンド向けの英語表記メニュー」や「のぼり」を作成。
- そば粉の製粉に使用する機械を一新し、そば粉の前処理の安定化、

かつ時間短縮化により、事業再開後の繁忙期の売り切れなどを回避。

・再開後のインバウンド需要取り込みのため、旅館にて、外国語版ウェブサイトでピクトグラムの活用やムスリム対応情報を発信し、外国人団体旅行予約の拡大を図る。

★補助上限・補助率（一般型）

補助上限：50万円、補助率：３分の２

上記に加えて次の枠を追加して申請可能

創業事業者の特例（上限100万円への引上げ）の要件緩和

（当面の間、2020年１月以降の創業者は登記簿または開業届の写しにより創業の事実を確認）

★公募スケジュール（一般型）

年度内に複数回の締切を設け、締切後も申請受付を継続し、それま

コラム

小規模事業者持続化補助金と事業再構築

事業再構築補助金の「事業再構築」の５つの類型に当てはまらない場合、小規模事業者持続化補助金への応募に方向転換するのが適切な場合も多くあります。

１つは、事業再構築補助金に応募できるほどの設備投資がない場合。そして、集客・マーケティング費用やウェブやＥＣサイトの構築費用が中心になる場合です。

もう１つは売り方だけを変えるケース。例えば、飲食店で新たにテイクアウトや配達を始めるようなケースです。こうしたケースでは集客・マーケティングに関連するのであれば、一部の設備投資も対象になる可能性もあります。テイクアウト用窓口を設置するような工事費用などです。

さらには、コロナ対策で低感染対策ビジネスへと転換を図りたいというニーズがある場合です。例えばＥＣ化や無人化など。そうしたケースでは、補助上限や補助率の高い特別枠に応募できる可能性もあります。

小規模事業者持続化補助金の弱点は、事業再構築補助金に比べて、補助金額の上限が50万～100万円と少額になってしまう点です。ただ、事業再構築補助金に当てはまらない新事業であれば、それも仕方ないともいえるでしょう。

でに申請のあった分を審査し、随時採択発表を行います。

★応募先・応募方法（一般型）

事業を営んでいる地域の管轄エリアにより、以下の２つに分かれます。以下のホームページをご確認ください。

１）日本商工会議所　https://r1.jizokukahojokin.info/

申請は、郵送または電子申請により提出（持参・宅配便での送付は不可。電子申請をする場合は郵送での提出は必要ありません）。

〒151－8799 代々木郵便局留め

【一般型】日本商工会議所 小規模事業者持続化補助金事務局

コラム

社会情勢に応じた特別枠の例（参考：低感染リスク型ビジネス枠）

一般枠とは別に、社会情勢に応じた「特別枠」が設けられることがあります。

その一例として「低感染リスク型ビジネス枠」をみていきましょう。これは、小規模事業者が経営計画および補助事業計画を作成して取り組む、感染拡大防止のための対人接触機会の減少と事業継続を両立させるポストコロナを踏まえた新たなビジネスやサービス、生産プロセスの導入等に関する取組みを支援するものです。

※2021年1月8日以降に発生し発注・契約・納品・支払い・使用が行われた経費について遡及適用が可能。

・対象経費（低感染リスク型ビジネス枠）

①機械装置等費、②広報費、③展示会等出展費（オンラインによる展示会等に限る）、④開発費、⑤資料購入費、⑥雑役務費、⑦借料、⑧専門家謝金、⑨設備処分費（補助対象経費総額の２分の１が上限）、⑩委託費、⑪外注費、⑫感染防止対策費（※）

・想定される活用例（低感染リスク型ビジネス枠）

飲食業が、大部屋を個室にするための間仕切りの設置を行い、予約制とするためのシステムを導入。

※感染リスクの低下に結び付かない取組みや単なる周知・広報のためのHP作成等は一般型でのみ対象。

2）全国商工会連合会　http://www.shokokai.or.jp/jizokuka_r1h/

申請は、郵送または電子申請により提出（持参・宅配便での送付は不可。電子申請をする場合は郵送での提出は必要ありません）。

提出先は、都道府県商工会連合会 小規模事業者持続化補助金事務局地方事務局です。上記の全国商工会連合会の公募要領をご確認ください。

★応募に関する注意点

補助金の対象になるのは、あくまで販路開拓等の新たな取組みです。過去に実施したことのある販路開拓手段等については、対象になりません。

・補助上限・補助率（低感染リスク対応型ビジネス枠）

補助上限：100万円、補助率：４分の３

補助金総額の４分の１以内（最大25万円）を【感染防止対策費】(※)に充当可能。

※【感染防止対策費】の対象…業種別ガイドライン等に基づく以下の感染防止対策費
　消毒、マスク、清掃／飛沫防止対策（アクリル板・透明ビニールシート等）／換気設備／その他衛生管理（クリーニング、使い捨てアメニティ用品、体温計・サーモカメラ・キーレスシステム等）

・要件

緊急事態措置が実施された月のうち、いずれかの月の月間事業収入が2019年または2020年の同月と比較して30%以上減少している場合

→感染防止対策費を補助金総額の２分の１以内（最大50万円）に引き上げ

→審査時における加点措置を講ずることにより優先採択

・公募スケジュール（低感染リスク型ビジネス枠）

ほぼ２か月ごとに受付（例：第５回受付締切：2022年１月12日／第６回受付締切：2022年３月９日）

・応募先・応募方法（低感染リスク型ビジネス枠）

申請は、デジタル庁が運営する補助金の電子申請システム（Ｊグランツ）でのみ受け付けます。申請にはＧビズＩＤプライム（229ページ注釈参照）の登録が必要です。アカウントの取得には３～４週間程度要しますので、早めに利用登録を行うことをおすすめします。

必ず押さえておきたい補助金④
ＩＴ導入補助金

ＩＴ導入補助金とは、中小企業・小規模事業者が自社の課題やニーズに合ったＩＴツールを導入する経費の一部を補助することで、業務効率化・売上げアップをサポートする補助金です。自社の置かれた環境から強み・弱みを認識、分析し、把握した経営課題や需要に合ったＩＴツールを導入することで、業務効率化・売上アップといった経営力の向上・強化を図ることを目的としています。

ＩＴ導入補助金には、通常枠である「Ａ・Ｂ類型」と、ポストコロナの状況に対応したビジネスモデルへの転換を目指す特別枠＝低感染リスク型ビジネス枠である「Ｃ・Ｄ類型」とがあります。

★補助対象となる対象者

中小企業、小規模事業者が補助金の対象になります。次ページ表がその定義です。

★補助対象経費の内容、補助対象のＩＴツール

補助対象経費は、ＩＴ導入支援事業者が提供し、あらかじめ事務局に登録されたＩＴツールの導入費用です。補助事業者は、登録されたＩＴ導入支援事業者への相談を行い、自社の生産性向上に寄与する適切なＩＴツールを選択し、申請します。

なお、補助対象となるＩＴツールについては264ページのコラムを参照してください。

補足説明

ＩＴ導入支援事業者
ＩＴ導入支援事業者とは、補助事業者とともに事業を実施するパートナーとして、補助事業者に対するＩＴツールの説明、導入、運用方法の相談等のサポート、補助金の交付申請や実績報告等の事務局に提出する各種申請・手続きのサポートを行う事業者です。事務局および外部審査委員会による審査の結果、採択された者が認定されています。

■補助対象となる対象者

▼中小企業者

業種分類	定　義
①製造業、建設業、運輸業	資本金の額または出資の総額が３億円以下の会社または常時使用する従業員の数が300人以下の会社および個人事業主
②卸売業	資本金の額または出資の総額が1億円以下の会社または常時使用する従業員の数が100人以下の会社および個人事業主
③サービス業（ソフトウェア業または情報処理サービス業、旅館業を除く）	資本金の額または出資の総額が５千万円以下の会社または常時使用する従業員の数が100人以下の会社および個人事業主
④小売業	資本金の額または出資の総額が５千万円以下の会社または常時使用する従業員の数が50人以下の会社および個人事業主
⑤ゴム製品製造業（自動車または航空機用タイヤおよびチューブ製造業並びに工場用ベルト製造業を除く）	資本金の額または出資の総額が３億円以下の会社または常時使用する従業員の数が900人以下の会社および個人事業主
⑥ソフトウェア業または情報処理サービス業	資本金の額または出資の総額が３億円以下の会社または常時使用する従業員の数が300人以下の会社および個人事業主
⑦旅館業	資本金の額または出資の総額が５千万円以下の会社または常時使用する従業員の数が200人以下の会社および個人事業主
⑧その他の業種（上記以外）	資本金の額または出資の総額が３億円以下の会社または常時使用する従業員の数が300人以下の会社および個人事業主
⑨医療法人、社会福祉法人	常時使用する従業員の数が300人以下の者
⑩学校法人	常時使用する従業員の数が300人以下の者
⑪商工会・都道府県商工会連合会および商工会議所	常時使用する従業員の数が100人以下の者
⑫中小企業支援法第２条第１項第４号に規定される中小企業団体	上記①〜⑧の業種分類に基づき、その主たる業種に記載の従業員規模以下の者
⑬特別の法律によって設立された組合またはその連合会	上記①〜⑧の業種分類に基づき、その主たる業種に記載の従業員規模以下の者
⑭財団法人（一般・公益）、社団法人（一般・公益）	上記①〜⑧の業種分類に基づき、その主たる業種に記載の従業員規模以下の者
⑮特定非営利活動法人	上記①〜⑧の業種分類に基づき、その主たる業種に記載の従業員規模以下の者

▼小規模事業者

業種分類	定義
商業・サービス業（宿泊業・娯楽業除く）	常時使用する従業員の数が５人以下の会社および個人事業主
サービス業のうち宿泊業・娯楽業	常時使用する従業員の数が20人以下の会社および個人事業主
製造業その他	常時使用する従業員の数が20人以下の会社および個人事業主

※ただし、発行済株式の総数または出資価格の総額の２分の１以上を同一の大企業が所有している中小企業・小規模事業者（みなし大法人）などは対象から除外されます。

コラム

ＩＴ導入補助金で補助対象となるＩＴツール

ＩＴ導入補助金で補助対象となるＩＴツールは、大分類Ⅰ「ソフトウェア」、大分類Ⅱ「オプション」、大分類Ⅲ「役務」の３つのいずれかに分類されます。加えて、各大分類内は次ページ図のとおりカテゴライズされます。

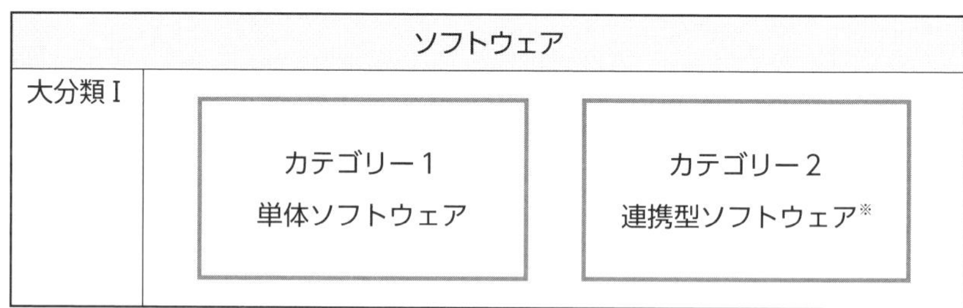

※カテゴリー２「連携型ソフトウェア」については、通常枠Ａ・Ｂ類型では補助対象外

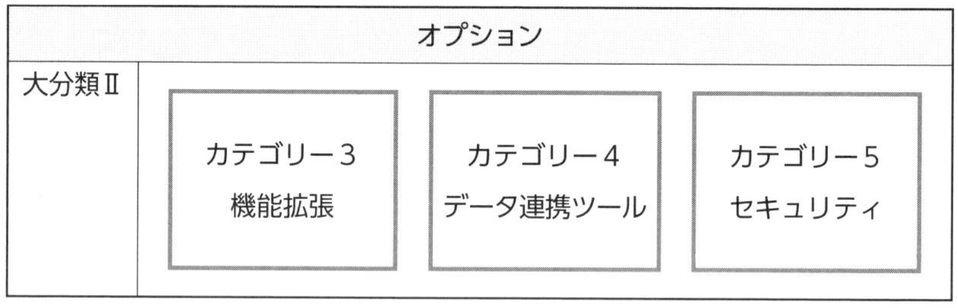

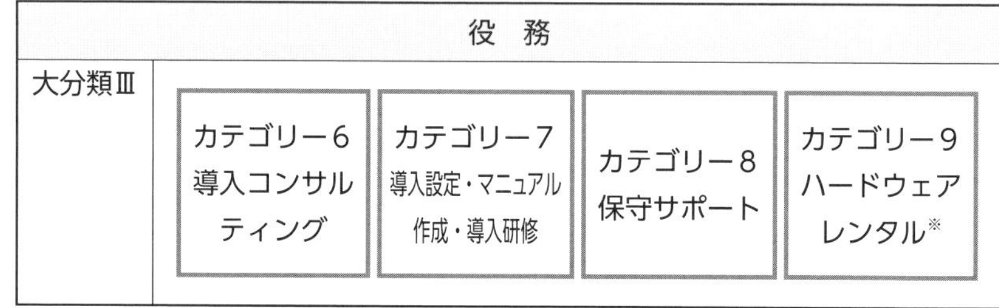

※カテゴリー９「ハードウェアレンタル」については、通常枠Ａ・Ｂ類型では補助対象外

補助事業者は、ＩＴ導入支援事業者により登録されたＩＴツールのなかから導入するＩＴツールを選択し交付申請を行います。その際、選択したＩＴツールは、通常枠Ａ・Ｂ類型では上図３つの大分類中の大分類Ⅰ「ソフトウ

ェア」のカテゴリー１に設定されたプロセス“共P-01～各業種P-06”（下表参照）を必ず１種類以上（低感染リスク型ビジネス枠C・D類型では「ソフトウェア」のカテゴリー１・２に設定されたプロセス“共P-01～汎P-07”を必ず２種類以上）含んでいる必要があります。

	種別	Pコード	プロセス名
業務プロセス	共通プロセス	共P-01	顧客対応・販売支援
		共P-02	決済・債権債務・資金回収管理
		共P-03	調達・供給・在庫・物流
		共P-04	会計・財務・経営
		共P-05	総務・人事・給与・労務・教育訓練・法務・情シス
	業種特化型プロセス	各業種P-06	業種固有プロセス
汎用プロセス		汎P-07	汎用・自動化・分析ツール（業種・業務が限定されないが生産性向上への寄与が認められる業務プロセスに付随しない専用のソフトウェア）

▼低感染リスク型ビジネス枠の場合

低感染リスク型ビジネス枠の場合は、業務の非対面化に資するツール（非対面化ツール※）の導入を前提に、「C類型（低感染リスク型ビジネス類型：複数のプロセス間で情報連携されるツールを導入し複数のプロセスの非対面化や業務のさらなる効率化を行うことを目的とした事業）」と「D類型（テレワーク対応類型：テレワーク環境の整備に資するクラウド対応ツールを導入し複数のプロセスの非対面化を行うことを目的とした事業）」に申請する事業が補助対象となります。

※非対面化ツール

事業所以外の遠隔地から業務を行うテレワーク環境の整備をはじめ、対人接触の機会を低減するよう非対面または遠隔でのサービス提供が可能なビジネスモデルへの転換（業務形態の非対面化）に資する、労働生産性の向上を目的としたＩＴツールをいいます。

★申請類型と補助金申請額、補助率、補助対象など

申請可能な類型は下記の通りです。

<table>
<tr><th>類型</th><th>補助金申請額</th><th>補助率</th><th>プロセス数</th><th>非対面化ツール</th><th>賃上げ目標</th><th>補助対象</th><th>導入ツール要件</th></tr>
<tr><td>A類型</td><td>30万円以上150万円未満</td><td rowspan="2">1/2以内</td><td>1以上</td><td rowspan="2"></td><td>加点項目</td><td rowspan="2">ソフトウェア購入費用および導入するソフトウェアに関連するオプション・役務の費用</td><td rowspan="2">類型ごとのプロセス要件を満たすものであり、労働生産性の向上に資するＩＴツールであること（※以下C、D類型においても当該要件は前提条件）</td></tr>
<tr><td>B類型</td><td>150万円以上450万円以下</td><td>4以上</td><td>必須要件</td></tr>
<tr><td>C-1類型</td><td>30万円以上300万円未満</td><td rowspan="3">2/3以内</td><td rowspan="3">2以上</td><td rowspan="3">必須</td><td>加点項目</td><td rowspan="3">ソフトウェア購入費用および導入するソフトウェアの利用に必要不可欠なハードウェアのレンタル費用と関連するオプション・役務の費用</td><td rowspan="2">上記A、B類型の要件に加え、複数のプロセス間で情報連携し複数プロセスの非対面化や業務のさらなる効率化を可能とするＩＴツールであること</td></tr>
<tr><td>C-2類型</td><td>300万円以上450万円以下</td><td>必須要件</td></tr>
<tr><td>D類型</td><td>30万円以上150万円以下</td><td>加点項目</td><td>上記A、B類型の要件に加え、テレワーク環境の整備に資するクラウド環境に対応し、複数プロセスの非対面化を可能とするＩＴツールであること</td></tr>
</table>

▼A類型

- 必ず“共P-01～各業種P-06”の内、１種類以上の業務プロセスを保有するソフトウェアを申請すること。
- 上記を満たしていることを要件として、大分類Ⅱ「オプション」、大分類Ⅲ「役務」にかかる各経費も補助対象となる。
- 補助金額は30万円以上150万円未満とする。

▼B類型

- 必ず“共P-01～汎P-07”の内、４種類以上のプロセスを保有するソフトウェアを申請すること。
- 上記を満たしていることを要件として、大分類Ⅱ「オプション」、大分類Ⅲ「役務」にかかる各経費も補助対象となる。
- 補助金額は150万円以上450万円以下とする。

▼C類型

- 業務の非対面化を前提とし、異なるプロセス間での情報共有や連携を行うことで補助事業者の労働生産性の向上に寄与するもので、連携型ソフトウェアとして登録されたＩＴツールを導入する際に選択する。
- 必ず“共P-01～汎P-07”の内、２種類以上のプロセスを保有するソフトウェアを申請すること。
- 上記を満たすことを要件として、大分類Ⅱ「オプション」、大分類Ⅲ「役務」にかかる各経費も補助対象となる。
- 補助金額はC-1類型が30万円以上300万円未満、C-2類型が300万円以上450万円以下とする。

▼D類型

- 業務の非対面化およびクラウド対応されていることを前提とし複数のプロセスにおける遠隔地等での業務を可能とすることで補助事業者の労働生産性の向上に寄与するものとして登録されたＩＴツールを導入する際に選択する。
- 必ず“共P-01～汎P-07”の内、２種類以上のプロセスを保有するソフトウェアを申請すること。
- 上記を満たすことを要件として、大分類Ⅱ「オプション」、大分類Ⅲ「役務」にかかる各経費も補助対象となる。
- 補助金額は30万円以上150万円以下とする。

★申請方法

申請は以下のような流れとなります。特徴的なことはＩＴ導入支援事業者と連携しながら進めていくことです。

①ＩＴ導入支援事業者、ＩＴツールの選定

②ＧビズＩＤプライムの取得

※ＧビズＩＤプライムについては229ページ注釈参照

③ＩＴ導入支援事業者による「申請マイページ」への招待

④申請マイページが開設されるため、補助事業者情報を入力する

⑤ＩＴ導入支援事業者によるＩＴツール情報の入力、事業計画の入力・申請内容の確認（⑤はＩＴ導入支援事業者側で行う作業）

⑥申請マイページでＩＴツール情報の確認・事業計画の確認・宣誓

⑦申請マイページで事務局への応募申請

コラム

ＩＴ導入補助金の別の使い方

ＩＴ系のビジネスを展開している場合、ＩＴ導入補助金のもう１つの使い方として、自社製品を販売する際に活用する手もあります。

ＩＴ導入補助金は、わかりやすくいえば、中小企業が、指定業者（ＩＴ支援事業者）から指定された商品・サービス（ＩＴツール）を購入する場合に受けられる補助金です。

もし、自社が提供している、あるいはこれから提供する商品・サービスが、ＩＴツールとして登録できるのであれば、ＩＴ支援事業者になり、中小企業に対して効果的にマーケティング活動ができるというわけです。

とはいえ、ＩＴ支援事業者になるのもＩＴツールの登録をするのも、実際にクライアントに対して補助金申請のサポートをするのも、専門外でハードルが高いケースも多くあります。そのような場合は、補助金申請に詳しい専門家に構想全体をコンサルティングしてもらうことがおすすめです。

必ず押さえておきたい補助金⑤
その他の補助金

ここまでみてきたように、事業再構築補助金、ものづくり補助金、小規模事業者持続化補助金、ＩＴ導入補助金の４つが経済産業省系の補助金の基本中の基本です。

これ以外にも、年度により本予算、補正予算において、政策目的を実現するために次々と新しい補助金が生まれてきます。こうした補助金も存在を知らなければ活用することはできません。最新情報を随時チェックできる体制を構築し、ぜひ経営に役立ててください。

国以外にも都道府県や自治体でも、随時、地域ごとの政策目的実現のために補助金・助成金が次々と設定されていきます。

これらの補助金・助成金もぜひ活用していただきたいですが、注意点もあります。それは国と地方自治体では、予算規模がまったく違うということです。

つまり、国の補助金・助成金と比較すれば、補助上限や採択件数が極端に少ない可能性もあるのです。併給できない可能性も大いにあるため、国の補助金に応募するのか、地方自治体の補助金に応募するのかについては、慎重に判断するようにしてください。必ず、先に専門家に相談してから進めるようにしましょう。

なお、東京都だけは別格です。小さな国１つ分以上はあるといわれる予算規模を持ち、次々と政策を実行するだけの体力があるからです。東京で事業を行っている中小企業は必ず最新情報をチェックするようにしてください。

これ以外にも経済産業省、厚生労働省以外の省庁や、各種の財団法人など、分野ごとにさまざまな目的のために、補助金・助成金が設定されています。活用できる場面があったら積極的に活用したいところです。

■事例分析　大阪府・自動車向け部品製造業N社

大阪府東大阪市の工業地帯にある創業60年の自動車向け部品製造業のN社。現在代表取締役のA氏を含む役員2名と従業員5名で事業を行っています。

N社は、工作機械に使う部品を製造し、元請けに納品しています。得意先は大手工作機械メーカーの下請け企業であり、N社は5次請けの下請け企業です。

N社の提供する部品は汎用的で独自性が出しにくいものであるため、中国からの輸入部品に押され、近年業績が低迷しています。

ただし新型コロナウイルス感染症拡大の影響により、中国からの部品調達が調達できず、元請けからの増産要請が来ています。

この要請に対応することで足元の業況はよくなっていますが、中国からの部品調達が戻ってくれば、N社の受注はまた減ってくることは明確であり、何か対策を打たないといけません。

N社は、A氏が2代目で父である先代から2015年に事業継承しました。

N社には先代時代から顧問税理士O氏が就いており、創業以来、長きにわたり任せています。個人の確定申告もO氏の担当です。

保有する生産設備が老朽化してきており、また今後、先端分野への生産についても引き合いが来ていることもあって、ものづくり補助金に申請してきました。これまで3度トライしてきましたが、すべて不採択となっています。

決算分析

N社の決算をみてみましょう（273ページ参照）。

2020年は、例年に比べれば幾分は好調でしたが営業赤字で、当期純利益でも赤字でした。貸借対照表をみると利益剰余金が大きくマイナスしており、負債が自己資本を上回る債務超過となっています。

これは創業以来、赤字決算をするようO氏から指導を受けてきたためで、これまで１億円を超える債務超過となっています。

問題点①　役員報酬

Ｎ社は役員報酬を意図的に高く設定しています。もう１人の役員はＹ氏の配偶者Ａ氏であり、２人合わせた役員報酬の金額は、一般的な家計としては十分に成り立つほどの報酬を取っています。

問題点②　地代家賃

Ｎ社の本社・工場の土地・建物はＡ氏個人が先代から相続したもので、Ａ氏個人からＮ社に対し貸し出すことで、Ａ氏がＮ社から地代家賃を受け取っています。役員報酬と合わせてＡ氏はＮ社から年間3,600万円の報酬を取っていることがわかります。

Ａ氏からの相談内容

役員報酬と地代家賃により会社の業績を著しく悪化させることについて、Ａ氏は事業承継以来、ずっと疑問に感じていました。

知り合いの社長は、金融機関との関係性を考慮し、黒字決算を行うことを基本としているようです。ただ、自分の会社（Ｎ社）は大幅な赤字を創業以来、積み重ねてきた債務超過会社です。

ただし、金融機関は運転資金の借換えには対応してくれています。Ａ氏としてはＯ氏のアドバイスが正しいのかどうか、疑問に感じています。

補助金についても、事務局に不採択の理由を問い合わせたところ、審査員のコメントが聞けましたが、すべての審査員から債務超過を懸念するコメントがありました。金融機関からの借入れに影響がなかったため、あまり意識してきませんでしたが、赤字決算が常態化していることは本当によいことなのか、疑問に感じています。

問題解決に必要な視点

確かに赤字決算を推奨している税理士さんも見受けられます。赤字になれば法人税を納める必要がなくなるからです。

ただし、赤字にしていくことの弊害は、じつに大きなものです。これだけの債務超過があると、一般的には金融機関から融資を受けるのは難しいでしょう。

損益計算書　2020年　　単位：千円

売上高	60,000
売上原価	36,000
売上総利益	24,000
販管費	43,400
役員報酬	12,000
地代家賃	24,000
減価償却費	400
その他	7,000
営業利益	-19,400
営業外利益	50
営業外費用	520
経常利益	-19,870
固定資産売却損	70
税引前当期純利益	-19,940
法人税等	70
当期純利益	-20,010

貸借対照表　2020年　　単位：千円

資産	金額	負債・純資産	金額
流動資産	12,000	流動負債	73,500
現預金	1,500	買掛金	2,500
売掛金	5,500	未払金	1,500
棚卸資産	5,000	短期借入金	69,500
固定資産	9,500	固定負債	50,000
機械装置	33,500	長期借入金	50,000
器具備品	2,500	純資産	-102,000
車両	3,500	資本金	3,000
減価償却累計額	-30,000	利益剰余金	-105,000
資産計	21,500	負債・純資産計	21,500

N社の場合は赤字の原因が、役員報酬と地代家賃といった経営者個人への支払いですから、個人側で貯まっており、個人で土地建物の資産もあります。金融機関は個人の確定申告も把握しているため、個人と法人を合わせてみて優良な貸出先と判断されているので、融資取引で不都合は生じてこなかったのでしょう。

しかし、補助金の審査では法人のみが対象です。事業計画の内容はもちろん、決算書から財務内容も審査されます。

一般に債務超過の企業は金融機関からの融資が受けにくいと考えられ、資金調達に困り、補助事業ができず、結果、補助金が払えないようでは国としては困ってしまいます。

そういう観点から、債務超過の企業を不採択にするという審査の考え方は、よく理解できます。個人も含めてみてほしいところではありますが、融資のように柔軟にはいかないでしょう。

ここで生じている問題は、個人と法人のやり取りが原因ですから、これまでなんとでもできたことです。顧問税理士のアドバイスが、融資や補助金など、経営全体への影響も考慮した視野の広いものではなかった可能性もあります。

ただ、いまからでも対策はできます。時間はかかりますが、徐々に債務超過を減らしていきましょう。

幸いＮ社は役員報酬と地代家賃をコントロールできれば、すぐに黒字化できる優良企業です。個人の生活ができる限界まで報酬や地代家賃を下げ、黒字化し債務超過を解消していきましょう。

また、これだけ所得を個人で得てきているため、所得税を多く払ってきているはずです。この所得額の場合、所得税の税率のほうが法人税の税率よりも高いので、多くの税金を払っていることになります。法人を黒字にしたほうが税金面でも有利といえるでしょう。

この際、先代からの流れで依頼している顧問税理士の変更も検討するべきかもしれません。

おわりに

私は日本の高度成長期、昭和46年に東京都中野区で生まれました。
西新宿に近い我が家の屋上からは、次々と超高層ビルが建設され、毎週のようにニョキニョキと伸びていく様を見ることができました。新宿住友三角ビル、新宿三井ビル、安田火災ビル、新宿野村ビルと次々に建設されていきます。

子どもの私からみたら、それは希望そのもの。毎日のように屋上に上がり、ワクワクしながらその様子を観察します。
日曜日には新宿の小田急百貨店で買い物をし、目をキラキラとさせた大人たちが争うように洋服や家電を買い漁り、私もゲームウォッチを買ってもらい、不二家レストランでハンバーグステーキを頬ばることが幸せでした。

実家の家業、バイク屋でも、日本人が豊かになるにつれ、バイクが爆発的に売れるようになりました。東京で一、二を争うような有名店になり、ちょっとした坊ちゃんになったのです。

ところが幸せな生活はいつまでも続きません。
家業に変調がみえてきたのが、バブル崩壊のころ。あんなに売れていたバイクが全然売れなくなったのです。
出店しまくっていた店も次々と畳み、ついにはボロボロの本店だけが残り、細々と続けていくしかなくなりました。

いま振り返ると、2段階でゲームチェンジが起きていたのでしょう。
まず、豊かになった日本人はバイクには乗らなくなり、一家に1台、車を所有できるほどになっていたのです。
そして、ヘルメット着用義務化による主婦などのスクーター離れや、高校でのバイク禁止の流れが追い打ちをかけました。

ならばと、父はトラックでまわって中古バイクを買取り、修理して売ることを思い立ち、すぐに実行します。
そのころ流行し始めていたYahoo!オークションも駆使し、ネットでバイクを販売します。粗利が高いことも奏功し、店を立て直すことができました。

ところが、またもやゲームチェンジが起こります。「バイク王」の登場です。テレビで大々的にＣＭを流し、全国的な買取網をあっという間に構築してしまったのです。そうなったら、小規模店舗の出る幕はありません。
こうしたことにより、結局、最終的にはバイク屋を廃業するところまで追い込まれて、一家離散寸前の状態で、生まれ育った中野からも去ることになってしまったのです。

このようなことが私の原体験です。

そう。事業をしていれば、必ず事業の再構築をしなければならないときがくるのです。どんなにうまくいっていても、気づかない間にゲームチェンジが起こり、危機が迫っている。
そのようにならないために、常に自社の事業を点検し、新しい何かを興し続ける必要があるのです。

私は実家を助けるため、ビジネスに関する専門資格の取得でも、さまざまな業種・職種のビジネスの現場でも、修行に修行を重ねました。結果、独立し、現在に至っています。

現在、税理士、社会保険労務士、行政書士などの士業や、事業再構築に関するコンサルタントなどの仕事を、各ジャンルの優秀な専門家も所属する形で展開しています。
このノウハウ・能力を使って、窮地に陥った経営者さん、悩んでいる経営者さんを助けたいのです。私の実家のような運命をたどってほしくない。あんなに辛い思いは、させたくないからです。

このような私の活動を、天国から父も目を細めて見守ってくれているような気がします。

悩んだり、迷ったり、わからないことだらけだと気づいたら、ぜひ無料相談にお申し込みください。便利な世の中になり、Zoomを使って、全国の経営者さんとすぐに対面相談することが可能ですから。

この書籍との出会いがきっかけで、あなたの人生がよい方向に向かうことを祈って筆を置きたいと思います。

2021年12月吉日

経営コンサルタント（事業再構築、起業、資金調達）
税理士、特定社会保険労務士、行政書士、
ファイナンシャルプランナー（ＣＦＰ®、一級ＦＰ技能士）
中野　裕哲

著者への経営相談
&
補助金・助成金相談、資金繰り相談のご案内

本書では、中小企業経営者が事業再構築について構想し、よりよい計画を立て、実行に移すために必要となる情報やノウハウについて、わかりすく解説してきました。

とはいえ、「事業再構築に取り組むのは初めてで、わからないことだらけ」「自社のケースでは、どうなるのだろう？」「活用できる補助金・助成金についてもっと知りたい」「融資が受けられるかどうか不安」などと思われた方も多いかと思います。

解決策の１つとして、「税理士・社会保険労務士などの士業や、コンサルタントなどの専門家に相談できる環境整備」を挙げることができます。無料相談を利用するのも計画・実行の際の賢い選択肢です。

1　税理士・社会保険労務士などの士業やコンサルタントに相談できる内容

- 事業再構築の構想全般の相談
- 活用できそうな補助金・助成金の診断
- 融資の可能性診断
- 補助金・助成金・融資の申請サポート
- 許認可・契約書作成
- 集客マーケティングのアドバイス
- 販売先や業者など人脈の紹介　など

2　専門家に相談するメリット

- 失敗しそうな点を事前に洗い出し対策することができる

- 各種手続きにかかる手間を大幅にカットできる
- 補助金・助成金・融資などを熟知した専門家による自分で気づかないようなアドバイスを期待できる
- 顧問税理士が対応できない分野について相談することができる
- 事業に関する幅広い人脈を得られる可能性がある

3 著者への無料相談の申込み方法

無料相談の案内（全国対応、Zoom相談、電話相談も可）

ブイスピリッツ で検索　https://v-spirits.com/

電話　0120-335-523

Zoomセミナーなどの案内

https://v-spirits-kigyocollege.com/

4 補助金・助成金の最新情報のご提供

著者　中野裕哲のFacebook

https:www.facebook/hiroaki.nakano

中野　裕哲（なかの　ひろあき）　プロフィール

経営コンサルタント、起業コンサルタント®、事業再構築コンサルタント、税理士、特定社会保険労務士、行政書士、ファイナンシャルプランナー（ＣＦＰ®、一級ファイナンシャルプランニング技能士）。

V-Spiritsグループ代表（税理士法人・社会保険労務士法人・行政書士法人・株式会社V-Spirits／V-Spirits会計コンシェル・給与コンシェル・ＦＰマネーコンシェル株式会社、経営戦略研究所株式会社）。経済産業省認定支援機関。

経営者支援をライフワークとし、経営全般を窓口１つでまるごと支援する。「経営支援を通して、この国を挑戦者であふれる国にしたい！　日本を元気にしたい！」という理念のもと、年間約300件の経営相談・起業相談を無料で受け、多くの経営者を伴走支援している。また、北海道から沖縄まで全国のクライアントを指導し、経営者が困ったときの経営全般の駆け込み寺の役割も果たしている。

日本最大級の経営支援ポータルサイト経済産業省後援DREAM GATEにて10年連続面談相談件数日本一。経営支援の最前線、現場での支援経験に基づく独自の経営支援ノウハウに定評がある。

経済産業省後援 DREAM GATE 2020年 面談相談者数全国１位
経済産業省後援 DREAM GATE 2019年 面談相談者数全国１位
経済産業省後援 DREAM GATE 2018年 面談相談者数全国１位
経済産業省後援 DREAM GATE 2017年 面談相談者数全国１位
経済産業省後援 DREAM GATE 2016年 面談相談者数全国１位
経済産業省後援 DREAM GATE 2015年 面談相談者数全国１位
経済産業省後援 DREAM GATE 2014年 面談相談者数全国１位
経済産業省後援 DREAM GATE 2013年 面談相談者数全国１位
経済産業省後援 DREAM GATE 2012年 面談相談者数全国１位
経済産業省後援 DREAM GATE 2011年 面談相談者数全国１位
経済産業省後援 DREAM GATE 2010年 メール相談者数全国１位
経済産業省後援 DREAM GATE 2009年 面談相談者数全国１位

All About「起業・会社設立のノウハウ」、All About「資金繰り・資金調達」（オールアバウト社）にて公式記事執筆を担当。その他、ＴＶ、雑誌、新聞等の各種メディアにて起業に関する解説実績多数。

著書・監修書は『一日も早く起業したい人が「やっておくべきこと・知っておくべきこと」』（明日香出版社）、『オールカラー 個人事業の始め方』『オールカラー 一番わかる会社設立と運営のしかた』（以上、西東社）、『給付金・協力金・融資・助成金・補助金・納税猶予・支払猶予「新型コロナ資金繰り対策」がすべてわかる本』（日本実業出版社）など多数。

専門分野はビジネスプランのブラッシュアップ、事業計画書作成指導、創業融資、助成金・補助金の申請支援、税務会計、人事労務、会社設立、許認可、クラウドファンディングのサポートなど。その他にもオフィス・店舗物件探し、ブランディング、マーケティング、メディア戦略、出版戦略、集客・販促などのアドバイス、人脈の紹介まで行う。

なお、V-Spiritsグループには、日本政策金融公庫元支店長、金融機関の元融資営業担当者、国の補助金元審査員など、各ジャンルで経験豊富な専門家も在籍しており、総合的な起業支援、経営支援を行っている。補助金・助成金の支援実績は600件以上を誇る。補助金・助成金・融資すべてを俯瞰的に見渡し、トータルで支援することを得意としている。

所属専門家メンバープロフィール①

渋田　貴正（しぶた　たかまさ）

税理士、社会保険労務士、行政書士、司法書士。東京大学卒業後、大手食品メーカーや外資系専門商社にて財務・経理担当として勤務。在職中に税理士、司法書士、社会保険労務士の資格を取得。2012年独立し、司法書士事務所開設。2013年にV-Spiritsグループに合流し税理士登録。現在は、税理士・司法書士・社会保険労務士として、税務・人事労務全般の業務を行う。厚労省系助成金にも精通。

三浦　高（みうら　たかし）

元経済産業省系補助金審査員・検査員。中小企業診断士、1級販売士。V-Spirits経営戦略研究所株式会社代表取締役。大学卒業後、システムインテグレーターにて営業、プロマネを経験。中小企業診断士資格取得後、国（経済産業省）の補助金の検査員・審査員に従事。V-Spiritsグループでは資金調達コンサルティング担当としてクライアントの補助金や融資の申請の支援をしている。各種補助金累計獲得件数は300件を超える。

多胡　藤夫（たご　ふじお）

元日本政策金融公庫支店長。在籍中、約63,000社の融資実務に従事。日本生産性本部認定経営コンサルタント、ファイナンシャルプランナーＣＦＰ®。同志社大学法学部卒業後、日本政策金融公庫（旧国民金融公庫）に入行。約63,000社の中小企業や起業家への融資業務に従事し、審査に精通する。定年退職後、V-Spiritsグループに合流。長年融資をする側の立場にいた経験、ノウハウをフル活用し、融資を受けるためのコツを本音で伝えている。

佐々木　王毅（ささき　おうき）

助成金専門の社会保険労務士。慶應義塾大学法学部卒業後、大手証券会社で営業を担当。その後、助成金専門の社会保険労務士事務所で約11年間、厚生労働省や自治体の助成金申請に従事。申請実績は1,000件を超え、多くの助成金に精通する。2020年よりV-Spiritsグループに合流し、クライアントの助成金や補助金の申請を支援している。

小峰　精公（こみね　きよたか）

大学卒業後、朝日信用金庫に勤務。そこで業績面や追加融資が受けれず苦戦している企業と接し、素晴らしい企業努力はしているが、融資を断ることに。胸が締め付けられるほど苦しい思いをした。この経験が原点となり「銀行融資取引」や「資金繰り」の本質を企業へ伝えていくことがミッションだと確信し、資金繰り解決コンサルタントとして活動を開始。

１社でも多くの企業が、「資金繰り」の課題を解決して、より良い商品やサービスを提供することができる環境づくりの一助となれるよう、全身全霊を尽くす。

山田　正貴（やまだ　まさたか）

経営コンサルタント（財務、事業再生、M&Aなど）。

みずほ銀行にて10年間、法人営業を担当。ベンチャー企業においてCFO（最高財務責任者）として７年間の経験も持つ。

現在、経営コンサルタントとして、経営者と財務・経理担当者、企業と会計士・税理士、企業と銀行・投資家との間に入り、企業成長のための実践的な財務アドバイスを行っている。

中堅中小企業を中心に、経営計画書の策定、資金調達支援に加え、事業再生、企業再生、Ｍ＆Ａ案件にも多数の実績あり。

所属専門家メンバープロフィール②

菅野　弘達（かんの　ひろみち）

ＳＮＳマーケティングコンサルタント。みずほ銀行（旧富士銀行）システム開発部を経て、（社）日本パーソナルコンピュータソフトウェア協会へ。若き孫正義氏やビル・ゲイツ氏、スティーブ・ジョブズ氏とともに仕事をする。2012年、㈱ソーシャルメディアマーケティングを設立。ＳＮＳ、スマホを使ったリアル店舗や企業の集客、ブランディングのコンサルティングを行う。その実績は300社以上。日本を代表するＳＮＳマーケティングの第一人者。V-Spirits経営戦略研究所株式会社取締役。

新井　庸志（あらい　やすし）

マーケティングコンサルタント、事業開発・事業成長コンサルタント。元大手広告代理店アサツー ディ・ケイにて国際的なエレクトロニクス企業のアカウントの責任者、アジアパシフィック地区のマーケティング責任者を歴任。退職後、外資系メディア企業にて広報コンサルティングのマネージャーを経て独立。マーケティング戦略策定を中心に、経営コンサルティング、新規事業の立ち上げ、新製品のローンチング、既存製品の拡販、ブランディング、ＰＲ・広告・プロモーション・ウェブの実務に至るまで、企業のマーケティング課題をあらゆる角度からサポート。９割以上の確率で企業を成長に導いている。コンサルティングのクライアント企業は、社員数名の企業から社員１万人規模の大企業、ベンチャー企業まで多岐にわたる。

伊澤　宜久（いざわ　よしひさ）

繁盛サロンの最前線に立ち続けるサロン開業・運営アドバイザー。

芸能プロダクション、アミューズにてアーティストマネジメント、鍼灸マッサージの専門学校を経て独立。ラオスの山奥で食中毒に苦しんだ自分を救った方法から「深層筋アプローチ」という手技を開発。開業から17年で店舗を銀座や表参道を含む６店舗に増やし、店舗運営の最前線に立ち続ける。その傍ら整体技術を教えるスクールを運営。他にもサロンの開業や運営ノウハウを伝えるサイト「サロン開業ラボ」を立ち上げ、サロンビジネスを立ち上げようとしている人たちをサポートしている。

前田　晃介（まえだ　こうすけ）

ＣＦＰ®、１級ＦＰ技能士、宅地建物取引士。不動産管理業、独立系FP会社を経て独立。FPとして活動すると同時に、間借りビジネスのバナナジュース専門店【まがりDEバナナ】を全国展開。現在全国に90店舗以上まで拡大。YouTubeチャンネル「フランチャイズチャンネル」にも出演中。YouTubeチャンネル運営、動画制作、新規事業なども得意としている。著書に『読むだけで１億円以上得する！　お金ドリル88』（徳間書店）がある。

新谷　庄司（しんたに　しょうじ）

法人保険活用コンサルタント、ファイナンシャルプランナー、営業コンサルタント。

大学卒業後、日本生命保険相互会社に勤務。全営業職員の中で日本一の営業成績を３度達成するなど、トップの営業成績を上げたあと独立。急成長の保険代理店を率いる。企業経営に法人保険をどのように有効活用するのか、本当に役立つものだけをピックアップしスキーム提案をするスタイルに定評があり、経営者から信頼を集めている。

【無料相談・業務・協業・取材・講演などに関するお問合せ窓口】
（全国対応・北海道～沖縄までクライアントあり。Zoom等完全対応）
V-Spiritsグループ/税理士・社会保険労務士・行政書士法人V-Spirits/V-Spirits経営戦略研究所（経済産業省認定支援機関）　代表　中野　裕哲
https://v-spirits.com/
0120-335-523
info@v-spirits.com
〒170-0013
東京都豊島区東池袋一丁目24番１号ニッセイ池袋ビル14階

所属専門家メンバープロフィール③

福田　宗就（ふくだ　むねなり）

オープンイノベーター、販路開拓コンサルタント、人脈形成術コンサルタント。横浜市立大学商学部経営学科卒業、筑波大学修士課程（ＭＢＡ）修了。流通業、教育業、システムインテグレーター業を経て独立。オープンイノベーションの推進、新規事業の支援、営業活動により開拓した豊富な人脈約10,000社以上を活かしたビジネスマッチングを得意とし、1,000件以上のマッチング実績を誇る。中小ベンチャー企業の経営課題の解決を通じて日本経済を活性化することが夢。

衣笠　剛司（きぬがさ　たけし）

ウェブコンサルタント、マーケティングコンサルタント。ウェブ制作運用・コンサルティング会社に通算12年就業しマネージャー等を歴任後、独立。密なコミュニケーションをとり、納期・予算を守りながら、品質の高いものを作り上げる開発に定評がある。サイトの立ち上げ提案、企画（アイデア出し）から、要件定義、環境策定および構築、開発等のウェブディレクション（プランナー）・プロデュース業務、撮影・映像制作、リスティング管理や、ＳＥＭ対策も得意としている。

中野裕哲（なかの　ひろあき）
経営コンサルタント、起業コンサルタント®、事業再構築コンサルタント、税理士、特定社会保険労務士、行政書士、ファイナンシャルプランナー（ＣＦＰ®、一級ファイナンシャルプランニング技能士）。
V-Spiritsグループ代表（税理士法人・社会保険労務士法人・行政書士法人・株式会社V-Spirits／V-Spirits会計コンシェル・給与コンシェル・ＦＰマネーコンシェル株式会社、経営戦略研究所株式会社）。経済産業省認定支援機関。
経営者支援をライフワークとし、経営全般を窓口１つでまるごと支援する。「経営支援を通して、この国を挑戦者であふれる国にしたい！　日本を元気にしたい！」という理念のもと、年間約300件の経営相談・起業相談を無料で受け、多くの経営者を伴走支援している。また、北海道から沖縄まで、全国のクライアントを指導し、経営者が困ったときの経営全般の駆け込み寺の役割も果たしている。

新分野展開、事業・業種・業態転換で成長を目指す
「事業の再構築」を考えたときに読む本
2022年１月１日　初版発行

著　者　中野裕哲

発行者　杉本淳一

発行所　株式会社日本実業出版社　東京都新宿区市谷本村町３−29 〒162-0845
編集部　☎03-3268-5651
営業部　☎03-3268-5161　振　替　00170-1-25349
https://www.njg.co.jp/

印　刷／壮　光　舎　　製　本／若林製本

この本の内容についてのお問合せは、書面かFAX（03-3268-0832）にてお願い致します。
落丁・乱丁本は、送料小社負担にて、お取り替え致します。

ISBN 978-4-534-05896-6　Printed in JAPAN